百读不厌的
经典故事

书的故事

（苏）伊林 著　胡愈之 译

长江文艺出版社
长江出版传媒

图书在版编目（ＣＩＰ）数据

书的故事 / （苏）伊林著；胡愈之译.-- 武汉：
长江文艺出版社，　2018.7
　　（百读不厌的经典故事）
　ISBN 978-7-5702-0024-5

　Ⅰ．①书… Ⅱ．①伊… ②胡… Ⅲ．①图书史－世界
－青少年读物 Ⅳ．①G256.1-49

中国版本图书馆 CIP 数据核字(2017)第 294510 号

责任编辑：张远林　梅若冰　　　　　责任校对：陈　琪
封面设计：笑笑生设计　　　　　　　责任印制：邱　莉　杨　帆

出版：　长江出版传媒　　　长江文艺出版社
地址：武汉市雄楚大街 268 号　　　　邮编：430070
发行：长江文艺出版社
电话：027—87679360
http://www.cjlap.com
印刷：荆州市翔羚印刷有限公司

开本：720 毫米×1020 毫米　　　1/16　印张：10.25　插页：4 页
版次：2018 年 7 月第 1 版　　　　2018 年 7 月第 1 次印刷
字数：91 千字

定价：26.00 元

　　一本石头上刻成的书，是最经久的书。

　　四千年以前，埃及人在庙宇及坟墓壁上刻着的全部历史，能够一直保存到今日。同样，现在我们也常把重要的文字刻在石碑上，以永垂不朽。

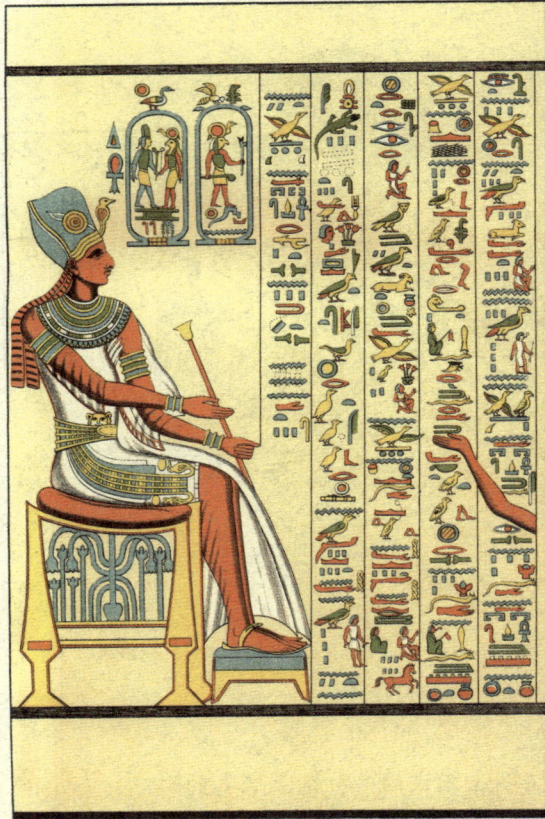

　　古代埃及庙宇和金字塔的壁上，到处都刻画着许多
神秘的图案。这些图案在现代人看来简直是个谜。各国
学者费了许多年去研究，为的只是要猜透这一个哑谜。

　　纸草是埃及人一日不可缺少的东西。他们用这植物做成纸，可是也用着当食品，当饮料。

BOOK-ILLUMINATION: FACSIMILES FROM MSS.

The Duke of Normandy presiding in his Court of Justice.

From the Rollisle Coustumier de Normandie, a MS. written about 1470.

　　有一些抄写员，能够描成各式各样的图画，装点每一章的第一个字母。有的画成从来没有人见过的奇形怪状的妖精，如人头的狮子，鱼尾巴的鸟，以及各种怪兽之类。

BOOK-ILLUMINATION: FACSIMILES FROM MSS.

Battle between the Israelites and the Canaanites (Judges, I, 1).
From the Villars-Villeroy Bible Historiale, written about 1370.

　　一本讲究的书，写得很工整，订得很精致的，一定不是出于一人之手，而是六七个名手合力做成的！

　　印刷的发明增加了纸的需要量。从印刷所里印出来的送到书铺子里出卖的书，一年比一年多，到最后，造纸的原料——破布头——都不够供给了。

目录

上 篇

书 的 故 事

第一章　活的书

世界上开头第一本书，是什么样子的呢？

是印刷的还是手抄的呢？是用纸做成的，还是用旁的东西做成的呢？如果现在还存在着这样一本书，那么在哪一家图书馆里才找得到呢？

据说从前有过一个好事的人，他想在全世界每家图书馆里，去找寻这第一本书。他整年整月钻在上了年纪的黄烂的、虫蚀的旧书堆里过日子。他的衣服和鞋子上面，堆满了厚厚的一层灰尘，不知道的人，还当他是刚从沙漠里长途旅行了回来。临了，他是从一家图书馆书架子前面一条长梯子上面跌下来死了。但是就算他能再活上一百岁也休想达到他的原来目的。因为世界上开头第一本书，在他出世以前几千年，早就变成泥土，埋没在地底下了。

这世界上第一本书，一点不像现在我们所有的书。这第一本书是有手有脚的。它并不放在书架子上面。它能说话，也能唱歌。总之，这是一本活的书：这就是人。

原来在那时候，人们还不懂得读书写字。在那时既没有书，也没有纸，更没有墨和笔。那时候，一切先代的故事、法律和信仰，并不是保藏在书架子上面，而是从人们的记忆中遗留下来的。

人们死了，故事还是存留着，从父亲传到儿子，一代一代地流传下去。可是从一只耳朵传到另一只耳朵，历史就会变了些样子。一部分是忘掉了，一部分是后来穿插了进去。时间把历史磨光，正像河水磨光两岸的石块儿一样。譬如一个勇敢的战士的传说，后来就附会成一个巨人的故事：这巨人不怕箭，不怕枪，能够像狼一般地在林中跑，像鹰一般地在天上飞。

在我们这个时代，僻远的地方，还有些老头子、老婆子，爱讲一些故事，这些故事，在一切写下的书本里，都不曾留下影踪。这些故事一般就叫作传说或神话。

在很久以前，希腊人有一个习惯，爱唱《伊利亚特》（Iliade）和《奥德赛》（Odyssey）这两首诗歌。这诗歌说的是希腊人和特洛伊人战争的故事。这样地，人们一径听着唱这故事，直到了几世纪之后，才用文字写下来。

唱这些诗歌的人，希腊人就称作"阿德"（Aede）。每逢宴会的时候，阿德是最受人欢迎的。

希腊歌者

阿德首先是靠住一根圆柱坐着，头上挂着他的竖琴。宴会快要完毕的时候，大盘的肉都吃空了，满篮的面包也光了。人们取出双柄的金杯子，放在桌上。客人们重新坐好位子，等待着音乐的演奏。

这时候，阿德才一手捧着竖琴，一手弹着琴弦，开始唱长篇的故事，又是狡猾的攸里西斯（Ulysse）啊，又是骁勇善战的阿奚里（Achille）啊。

阿德的歌是很悦耳的。可是总没有我们的书那样便当。因为现在我们只要花上几毛钱，就能买到一本《伊利亚特》，而且可以放在袋子里。这书不会要求什么。它既不要吃，又不要喝，从不会害病，更不会死亡，那是多么方便啊！

因此我想起一个故事来了，关于活图书馆的故事。

从前在罗马有过一个有钱的商人，叫作伊台里厄斯（Itellius）。说起他的财富，多得几乎叫人难以相信。他有一所挺大的住宅，可以容得下罗马全城的居民。每天他吃饭的时候，一定有三百个客人在一起。这三百个客人，一个个都是从最有声望最有才学的罗马公民中挑选出来的。

他吃饭的台子，也不止一张。他有三十张吃饭的台子。每一张台子都铺上了金线绣成的讲究的台毯。

他用了最精致的食品款待客人。在那时候，有一个风气，就是款待客人，除了讲究的食品之外，还要有最高雅最愉快的谈话。

但是伊台里厄斯所缺少的，就只是教育。他不大懂得读书，所以那些乐意接受他邀请的客人，暗中都在笑话他。

因此他在席上几乎没法子和客人谈些高雅的话儿。有时勉强谈了一些话，他就看出来，客人都在尽力忍着笑在听他。

这事情使他很难受。可是他生性太懒了，不能埋头在书本上下功夫，他也没有刻苦用功的习惯。伊台里厄斯为了这事，想了好久好久，这才想出一个办法来。

他就命令他的管家，从他的大批奴隶中间，挑选出两百个挺聪明挺有教养的人，每一个人都指定了一本书，例如《伊利亚特》《奥德赛》等等，叫他们各自用功读熟了。

这件事对于管家，可不是十分好办。他费了许多力，督促责罚着那些挑选出来的两百个奴隶，才算达到了他主子的愿望。

这样，伊台里厄斯算是有了一个活的图书馆了。这在他是多么快活啊！

于是每天席上，到了和客人谈话的时候，他只消向管家做一个手势，就有一大群奴隶靠着墙壁肃静地站着。伊台里厄斯要念哪一本书的哪一节，就有一个奴隶出来，照样背诵，一个字也没错。

这些奴隶，就用他们各自所记熟的书当作名字，例如有一个叫奥德赛，另一个叫伊利亚特，又一个叫爱纳伊德……

伊台里厄斯和他的活图书馆

伊台里厄斯这才称心如意了。整个罗马城都谈到他的活图书馆。这样的事情人们从没有见过。可是这却不能过得久长。终于有一天，出了一个岔子，满城的人都当作笑话来讲了。

在晚餐以后，主人和客人照平常那样谈说着文学故事，谈谈这个，谈谈那个。正谈起了一个古人。伊台里厄斯就向管家做一个手势，说道：

"我知道在《伊利亚特》那诗中有这样的一节……"

可是那管家却跪在地上，用颤抖的声音带着恐惧说：

"对不起，老爷，伊利亚特今天害着胃病了。"

这可并不是笑话。人类用着活书，倒有两千年之久呢。就算到了如今，满地都是图书馆，可人们还是不能够完全抛弃活的书。

因为假如什么事情都可以从书本子上面学得，那么人们就用不着再进学校了，也再不用活的教师来讲解和说明了。

你不能够对着一本书发问。可是教师呢，你问什么，他就回答你什么；你要他重复说几遍，他就重复说几遍。一切他都随我们的便的。

除了活的书以外，还有活的报纸呢！那比之于印刷的报纸是多么有趣，多么有益啊！在戏园子里看着演戏，总比从书上面念那脚本更有意思得多啊。

反过来说，假如活的书始终对我们有用处，那么活的信札，就完全不是这样了。

在古时，人们还不懂写字，那时候自然更不会有邮政局。假如有人要传递一个重要消息，就得派一个"报信人"把要传递的话，叫他一个字一个字地传达到对方去。

假如现在我们仍旧用报信人，不用邮差，那会变成

怎样呢？自然，我们很不容易找到一个报信人，有这么好的记忆力，每天能够记住几百封信。就算是找得到，也断不会有什么好结果。

比方说，张三正在过生日，一个报信人忽然到了他家里。

张三当是客人来了，亲自去开了门："有何贵干？"

"我有一封信送给你，信上面说的是：亲爱的张三先生，恭祝吉庆，你结婚很久了吗？请你今天正午到地方法院去谈一下，盼望你能够时常来看我们……"

张三只好张大着口，不知道究竟是怎么一回事。但是你要知道，这可怜的报信人，头脑里装着几百封信，和机器一样地一封一封地传报，这机器的轴轮出了毛病，怎免得了不把给李四的信掺和在给张三的信里呢？

第二章　备忘录

　　我认识一个老头子，是一个挺勇敢肯干事的人。有了八十岁的年纪的人，像这样子，可以说是很少见的。他的两眼，还是灼灼有光，两颊是玫瑰色的，走起路来像少年人一般矫健。

　　他一切都不坏，只是记忆力就差一些了。当他刚跨出门的时候，他已经忘记出去是干什么了。他永不能记住别人的姓名。虽然我和他相识已是很久了，可是他老是用别人的姓名称呼我。

　　要是你托他办一件事，他必须三番五次地问你究竟叫他干什么。这样还怕靠不住，他就在他的手帕上打一个结。他的手帕，老是打着五个六个结。这样对这位可怜的老人，也还是没有用处。因为他从口袋里掏出那块手帕的时候，他已经记不起每一个结是指什么事了。不错，这老头子的记忆力太不行了。但是就算全世界记忆力最强的人，假如把这种妙法当做了书，他能够懂得半句吗？

可是我们那位老头子要是另外用一种方法打结头，比方打着各式各样的结头，每一种结头代表着一个字母，或者一个字，那事情就两样了。不管谁，只要懂得这记号，就能够解释这"备忘录"是指什么。

实际上，在人类开始懂得文字以前，已用结头代替文字了。在中国，没有文字以前，是用结绳代文字的。鞑靼人、波斯人、墨西哥人、秘鲁人都懂得用结头作文字，秘鲁人所用的结头文字，尤其来得巧妙。便在现时，秘鲁的牧牛人，也还能够懂得结头打成的文字。

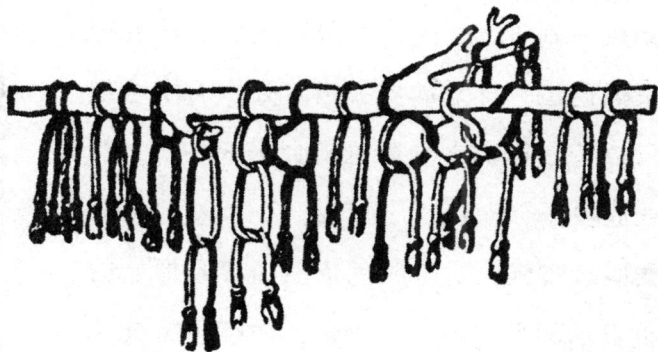

记事的绳结

　　这文字并不用手帕，却是用一条极粗的绳子，上面挂满粗细长短不同的各种颜色的小绳子，看上去和旧式女人衣服上的流苏一般。

　　这些小绳子上面都可以打结。结头和大绳子越近，表示事情越重要。一个黑色的结头是指死亡，白色的结头是指财富和和平，红色的结头指战争，黄色的结头指金子，而绿色的结头指面包。

　　另外有不染颜色的结头，那是指数目：单结是指十位，双结指百位，三个结头是指千位。

　　读这样的结头信，不是一件容易的事。那条总绳有多么粗细，以及每个结头怎样打法，打在什么地方，都有着各自不同的意义。

　　秘鲁的小孩子，都应当学会一种 Kwipa，就是"结头字母"，和我们的小孩子学 ABC 一样。

　　另外一些印第安人，例如呼龙人（Hurons）和伊里克人（Iroquois），却不用结头，而用五色的贝壳当做文字。他们把贝壳切成一个光滑的小片，用一根粗绳子穿成一副带子，这样就可以用作通信的记号。在这里黑色也一样是凶兆，指着死亡、不幸或一种威胁。白色是指和平，黄色指金子或纳贡，红色指战争或危险。

　　直到我们这时候，这些颜色依然保存着原始的意义。白旗表示和平，丧礼用黑色，而红色象征革命反叛。

　　至于海上的船舶，却有他们自己的文字。他们用桅杆上的旗号来通信，这至今还是通行的。

　　还有铁路上用的红绿旗，这不是古代的颜色信号遗传到如今的一个证据吗？

　　各种颜色的贝壳所指示的意义，要完全懂得，也不是一件容易的事。印第安人的部落酋长，都有着整袋的颜色贝壳保存着。每年总有两次，那些年轻的伊里克人在森林中一个指定的地方会集拢来，由那些老年人，口授各种小贝壳的神秘。

　　每次，一个印第安部落送信给另一个部落的时候，送信人一定在腰间系着一根带颜色的贝壳穿成的带，印第安人称这带为"梵班"（Wampun）。

　　送信人到了别的部落里，就解开了五色斑斓的"梵班"，说道：

"酋长，听着吧。"

他每说一个字，就用手指着一个贝壳。假如不经过送信人的解释，单是梵班，是难以叫人懂得的。

比方说，四个贝壳穿在一条绳上：一个是白的，一个是黄的，一个是红的，另一个是黑的。这封信的意思就是说：

"我们要和你们订结同盟，假如你们愿意向我们纳贡的话。但是你们如果不纳贡，我们就向你们开战，我们要杀尽你们整个部落。"

但是这信也可以有完全不同的解释，譬如说：

"我们向你们求和，我们打算献金子给你们。假如战争再继续下去，我们的人全死光了。"

为了避免发生这样的错误，每个发信的印第安人，必须亲自把梵班交给送信人，而且当面高声地念过一遍。送信人必须把一个个字牢记着。亲自把这信送给对方。要是中途换一个送信人，那就不行了。

此外还有许多相类的备忘的方法。例如要记下牧场上面羊的只数，或者仓库里面麦粉的袋数，人们往往用一根木棒，在上面刻着横纹，代表数目。在现代，塞尔维亚的农民，也还是用了木棒，在上面刻着横纹，来当做收据或

发票。

比方一个农民向麦商那里赊买四袋半麦粉，他并不写收条，他只用一根木棒，上面刻着四条长线，一条短线，这样就懂得是四袋半麦粉了。随后他把这木棒对半劈开，一半交给麦商，一半他自己保存。

到了要还款的时候，麦商取出那半边木棒，和农民所保存的半边拼合起来，就知道农民应该还多少款，一点也不会有弊端。

木棒上刻线纹，也可以记日子，鲁滨孙漂流在荒岛上面，就用着这样古怪的历本。

第三章　东西说话

　　必须是很乖巧的人，才能懂得结头和贝壳所指示的意义，可是据我们所知，还有别的更简单的方法，一样可以记录事情，可以传达音信。

　　假如一个部落要向旁的部落宣战，它只消送给对方一根矛枪或者一支箭就得了。因为接到了这样一份有血腥气的礼物，谁都会明白是什么意义了。但如果是要讲和，那么照例是送烟叶子和一根烟筒儿。在印第安人中间，烟筒和烟叶子是象征和平的。当他们谈判议和条件的时候，各部落的酋长们围坐在一堆篝火的四周。其中一个酋长开始燃着烟筒，吸了一口，递给旁边的一个，旁边的一个吸了一口，又轮流递过去，大家都吸了一口，这样议和就开始了。

一封讲和的信

在没有懂得写字之前，人们老是用各种各样的东西代表文字。从前俄罗斯南部有一个民族叫斯西德人（Scythes）。有一天，斯西德人送一封信给波斯人，这封信不是用文字写的，原来只是几件东西：一只鸟儿，一只鼠儿，一只青蛙儿和五支箭。

这封古怪的信，说的是下面这些话：

波斯人啊！你们会像鸟儿那样地高飞吗？你们会像鼠儿那样地钻到地底下去吗？你们会像青蛙儿那样地在田野上面跳来跳去吗？要是你们都不会，那么就休想和我们打仗。你们的脚一踏进我们领土的时候，你们就会被我们的箭一个个都射死了。

这和我们现在的通信方法比较一下，相差得多远啊！假如有一天，邮差送你一个包裹，你打开看时，并不是什么礼物，却是一只死掉的青蛙儿或者别的相类的东西，那你会有什么感想呢？

一封递给古代波斯的信

你会当作有人故意恶作剧，却不知道这一点儿不是开玩笑，而是一封很重要的信呢！

但是从"东西说话"到了"纸头说话"，这中间是要经过一段很长很远的途程呢。

在一段很长的时间里，人们都是靠了东西，来传达情意的。

一根烟筒指着和平，一根矛枪指着战争，而一张张开的弓是指着进攻。

从"东西说话"到我们的"纸头说话"，这中间相隔着几千年呢！

第四章　画图的文字

　　从前时候，有着很多的通信和传递消息的方法。但是像现在我们所用的方法——用字母拼成字，用字写成文——却还没有。

　　人们怎样学会了用文字呢？

　　这可不是一下子就学会了的！

　　开头儿，人们用画图来代替写字。比方表示"鹿"这个字，就画上一头鹿，表示"猎"这个字，就画上一个猎人和一些野兽。

　　原来人类懂得画图，已经是很久很久了。在古时候，长毛的巨象和北方特种的野鹿，成群结队，出没于现在伦敦巴黎所在的地方，那时人们还住在洞子里面，已经懂得在洞子壁上刻画各种各样的图画了。

这些人全是猎人。因此他们所描绘的全是野兽和打猎时的情状。他们却都能画得惟妙惟肖。古时候，有很多的兽类，现在早已绝迹了，但是因为留下了这些画像，使我们还能想象出古代巨兽的模样。

有的画着一头野牛，侧着头向那追逐它的猎人。过去一点儿，是一头巨象。也有的画着一队野鹿，见了猎人追来，慌乱地奔窜。

在法国和西班牙史前时代的洞子里，时常发现那类的图画。

这些图画说的是什么意思呢？

这些大半可以代表史前时代人类的信仰。正和后来的印第安人一样，那些穴居时代的欧洲人，都相信他们是野兽的后裔。印第安人的部落，有的名叫"野牛"，就因为相信他们自己是野牛的子孙，有的名叫"狼"，就因为他们相信狼是他们的祖宗。

同样，欧洲穴居的人们，在洞底里刻画着的兽类，代表着他们想象中的祖先，也就是他们部落的保护者。

但是还有旁的样子不同的图画呢。比方画着一头野牛，身上穿过一根矛枪，画着一头鹿，身上中了几支箭。在洞子里画上这些又是什么意思呢？这是一种镇压术，是想借这些画图，镇压各种的猛兽，叫它们不敢侵入冬天人们蛰居的洞子里。原来原始部落，往往有很多的魔法：比方要征服敌人，就先在洞里画出敌人受伤的模样，满身中着箭或枪。

现在我们离开史前时代，已经有好几千年了。史前时代的人类，从地底所发掘的骷髅看起来，与其说是像一个人，还不如说是像猴子。他们和我们相离得很远很远了。

要不是有这些图画遗留在洞子壁上面，我们就不会知道这些原始的人思想些什么，信仰些什么。

自然，这些图画还不能算是代表文字的，而且也不是用图画记录历史。不过这相差就已经不多了。

下面就是一幅画成图的历史。这是刻在美洲塞贝里阿湖旁的石壁上面的。

这一幅图画并不难解释。

　　这就是说：五条长的独木船，上面乘坐着五十一个印第安人，渡过了塞贝里阿湖。骑马的人是酋长，此外乌龟，鹰，蛇，以及别的兽类代表各部落的姓氏。这次渡湖，一共费了三日三夜的时间。因为上面画着三个太阳，太阳上面三个弧线，就是代表天。

　　一位英国的老著作家，曾经在他的书里，讲过下面的一个关于失踪的探险队的故事，在这段故事里，这类的图画有着一个重要的关键。

　　那位船主开始说道：

　　"这是一八三七年的事。那时我还很年轻。我在航行密西西比河（Mississippi）的乔治华盛顿号上做事。这乔治华盛顿号后来因为气锅炸裂沉没了。

　　"有一天，在新阿雷翁地方，有一群旅客，上了我们的船。

22

这是一个探险队，是到森林和沼泽中间去探测的。这些森林和沼泽现在都已没有影踪了。

"这些探险队的队员，一个个都年轻、热烈，除了他们的队长。那队长已经上了年纪了。他是探险队中唯一正经的人。他不爱开玩笑，整天只坐在壁角，在日记本上写笔记。一看就知道他是受过教育的人。此外呢，尤其是那些护送探险队的兵士，却只爱笑和喝酒。

"到了探险队登岸之后，我们这船上立刻就觉得冷清清空洞洞的。起初我们还时常谈到这些探险家；日子久了，我们也渐渐忘怀了。

"过了三四个月后——或者还要久些，我现在已记不起来了——我在别的一条船上，'梅都斯号'上做工。

"有一天，船上有一位客人，是一个灰色头发的老头子，向我问道：

"'你是不是就是约翰·克魄斯啊？'

"'是啊，先生。这就是我。'

"'我听说你曾经是乔治华盛顿号的船员，是不是？'

"'是的。但是这和你又有什么相干呢？'

"'那就好了，'他回答道，'我的儿子汤姆，曾经坐过那条船跟着探险队在一起。他和所有探险队的人员后来全失踪了。到处都找遍，可是至今还不曾找到。现在我自己去找寻。无疑，我的儿子一定是害了病了。'

"我瞧着那老人，很替他难过。走到这些森林里面去，很容易害热症，而且也会给印第安人杀死。于是我就问他道：

"'怎么，你独自去那里吗?'

"'不，'他回答道，"我愿意有人陪伴我同走。你是不是能给我找出一个能干的人呢? 我愿意出很多的工钱给他。若是必要，卖掉我的田庄也甘心……'

"我思索了一会，答道：

"'如果我可以有用处，那我一定陪伴你去了。'

"到了第二天，我们就上岸。我们备办了粮食，买了几把手枪以及步枪和帐幕；我们又雇了一名印第安人做向导。

"我们向本地土著详细问明了情形以后，我们就起身赶路了。

"我们一共走了多少里路，是很难说了。我算是一个生得很结实的人，可是那时我已差不多精疲力竭了。那地方又是潮湿，又是泥泞。我几次想法子，劝那老头儿不要再往前走了。

"我向他说：'我相信我们一定走错路了。要是那探险队是打这条路经过的，我们一定能够找得到一些痕迹。可是我们在这条路上，走了这么多日子，我们却不曾看见过火堆的痕迹……'

"那向导也和我意见一样。

"那老头儿禁不住我们几次劝告，差不多已决定不再前进了。可是忽地他又改变了主意。你知道是为什么吗? 原来是为了一粒铜纽扣！也就是这个纽扣，才送掉了老头儿的一条命啊！

"有一天，我们在中途停下来，想在林子中间找寻一块空地过宿。那印第安向导和我刚点着火堆正在准备盖篷帐。老头儿在一棵树跟前席地坐着。忽地嚷着道：

"'约翰！看哪！一粒铜纽扣儿……'

"我走去瞧了一瞧。这当真是一粒铜纽扣儿，是那时候兵士用的。

"那老头儿失了魂似的，一面哭着，一面唠唠叨叨地说：

"'这是我的汤姆的纽扣儿啊，他身上的正是这样的。现在我们快要找到他了。'

"我就和他说：

"'怎么一准是汤姆丢的纽扣儿呢？不是一共有八个兵士吗？'

"'唉！'老头儿回答道，'不要再说这些了，我一见就能分辨出来的。'

"我们只好继续往前找寻。这样又赶了三天的路。现在老头儿打定主意，决不回原路了。我知道再劝没有用，索性也不劝他了。

"一粒纽扣儿，原不值什么，不过这却是一个线索。

"第二天，那老头儿就害了热病。虽然他遍身打着寒战，可是他绝不想躺下去。

"'我们得赶快走啊，'他说，'汤姆等着我呢。'

　　"到了最后，他已经站不住，便倒在地上不省人事。我服侍他有两三天，和服侍我的父亲一般，我和他实在太熟了。但是一切都已不中用。

　　"他死时手里还紧紧捏着那粒铜纽扣。我们把他埋葬在他断气的那地方，然后起身回去，却不走原路，是打别一条路走。

　　"就在那时候，出乎意料之外地，我们居然发现了那探险队的踪迹。首先是找见了火堆烧过的痕迹。过去一点，又找到一面小旗。随后，最有意思的，是寻见了一片树皮。这树皮我至今还保存着。这里就是。"

　　说时，那船主就取出一个小盒子，盒子盖上嵌镶着三支小桅杆。他打开了盖，取出了一片枫树的皮，皮上面刻着图画，就像你在下面看到的那样。

　　"这图画，"船主继续说着，"是一个印第安人刻上去的，这印第安人是探险队所雇的向导。看上去，探险队那一群人离了大路已很远很远，在森林中迷了路，走了好久，不能出来。

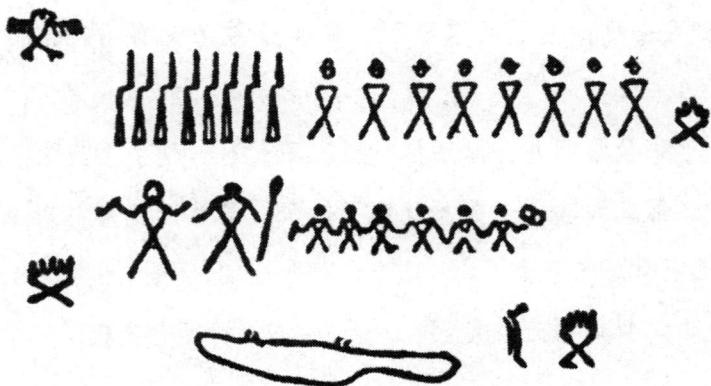

那印第安的向导，照着他们部落的习惯，就留下这封'树皮信'，好教过路的人知道他们的行踪。

"这信是钉在路旁一棵树上的，远处一望就看得见。

"我那向导就解释这信上说的是什么。

"在上面飞的鸟指示去向。八个人和旁边的八支枪，是指八个兵士，可怜的汤姆也在这里面。六个小人是探险队员，其中一个手捧书本子的是他们的队长了。那个拿着矛枪的和拿着烟筒的是两个印第安向导。三个火堆表示他们经过的地方。一只身子翻天的海狸，是表示其中一个人，名叫海狸的，已在中途死了。

"我得到了这一个重要文件后，我就决定继续去找寻。

"我们沿着那条路走，一星期后，我们遇见那迷失了路的探险队了。

"这事情现在已过去好多年了。可是每次我见了这一片树皮，我总得记起那老头儿和他那粒铜的纽扣儿。"

在印第安人的坟墓上头，我们时常看见一些石墓碑，这石碑上面总是刻着一些动物之类，这些动物不是代表死者的姓氏，便是代表全部落的姓氏。

例如，这里一块墓石，刻着鹿的图像。从这图像里，我们就会明白这死者的全部历史。

死者的姓名，一定是叫"快脚鹿"，或诸如此类。这人是一个猎夫，以猎野鹿著名的。单看那只死鹿下面的野鹿就知道。他参加过许多次探险，打过数次仗。在墓石两旁的横画是表示次数。最后一次出战，打了两个月。因为墓石中间有一柄斧头，斧头下面是两个月亮。两个月亮下面，有一头四脚翻天的鹿儿，是表示打了两个月的仗以后终于阵亡了。

一个印第安人的墓碑

凡是野蛮人一生所干的事情，差不多都描绘在他的身体上面。在身上刺着各种各样的花纹，这几乎是各部落共同的习惯了。

波利尼西安群岛上的土人，规定身上的花纹，都有一定的意义。

文　身

在胸部刺一个可怖的怪脸相，这是代表神的头，只有酋长有刺这个图案的权利。凡是身上画成线条或方框的，线条的数目是表示参加战争的次数。此外刺成白色的弧线和黑色的圆圈，这弧线和圆圈的数目是表示战胜敌人的次数。

在身上刺花纹的习惯，在我们看起来，自然会觉得可笑。但是在自称为文明而且受过教育的白种人中间，也有许多情况和波利尼西安群岛上的土人并没有两样。

当真地说，这些白种人，并没有在身子上面刺图案，可是他们却佩戴着各种各样的标记，例如镶金边的肩章、宝带、宝星章、勋章以及镶着羽毛和鹰的军帽之类。

这些标记无非表示他的爵位官衔和武功，那不是和野蛮人身上的花纹一个样子吗？

第五章　谜的文字

古代埃及庙宇和金字塔的壁上，到处都刻画着许多神秘的图案。这些图案在现代人看来简直是个谜。各国学者费了许多年去研究，为的只是要猜透这一个哑谜。

这是很容易明白的，这些图画全是画着干各种各样工作的人：有的是一些誊录手，手上捧着纸卷，耳上插着一支羽毛笔。有的是一些贩首饰，贩香水，贩糕饼，贩鱼的商人。又有的是制造酒杯的工人，张着口在吹着玻璃的溶液。也有那些雕琢珠宝的，嵌镶手镯和金戒指的。再有些武士，手上捧着皮盾，排着队伍，在埃及皇帝的銮驾前面奔跑。

看了这些图画，我们便不难想象，古代埃及的工匠生成是一副什么模样。商人和小贩们怎样在市场上做买卖，皇帝的銮驾仪仗，到底是一些什么。

这些图画，自然叫我们一看就明白几千年以前的人们的生活，可是在这些图画旁边还有很多的花纹记号，指的是什么意思，那就不很容易了解了。

这些埃及人的造像，雕刻着蛇，鸱枭，鹅，鸟头的狮子，荷花，手，脚，盘着腿坐地的人们，两臂高举在头上的人们，甲壳虫、棕树叶儿等。这些图案全是用极细的笔画勾成，和书本上面的文字一样。在这中间还有许多几何图案，如正方形、三角形、立方形、弧线之类，多到不能计数。

这些神奇的符号——也可以说是象形符号——所记的全是几千几百年的埃及历史和那时候埃及人民的风俗习惯。

虽然各国学者用尽了无数苦功，这些象形符号的意义，还是没法找出来。便是古代埃及人的后裔郭伯德人（Koptes）也都不懂得，他们老早就把他们祖先的文字忘掉了。

可是到了最后，人们到底发现了象形符号的秘密。

埃及纪念碑上的雕刻

发现象形文字的秘诀

　　一七九九年，一队法国兵士奉了玻那伯德将军（就是后来的拿破仑一世）的命令，在埃及海岸登陆。这些兵士在罗塞蒂（Rosetti）城附近挖掘战壕的时候，无意中发现埋在地底的一块大石碑，这石碑上面刻着两种文字：希腊文和埃及文。

　　当时的学者们，有了这一个发现，是怎样地快活啊！

　　他们找到了象形符号的钥匙了！很明显，只消拿希腊文和埃及文对照一下，象形符号的谜就完全猜透了。

　　可结果依然是一场失望。

　　当时的学者以为埃及文是用图案构成的，每一个图案代表一个字，因此只消拿每个图案和每个希腊字对照就得了，谁知这依然找不出什么东西来。

　　这样再经过二十三年的时光。要不是那位法国学者尚波林
（Champollion）的发明，也许我们至今还不知道象形符号是怎么一回
事呢。原来尚波林首先发现了有许多象形符号，外面围着一个长方
形的框（见下图）。和希腊文对照起来，在这框的中间，就有
PTOLMEES 这个词，就是古代一个埃及皇帝的名称。

P T O L M E E S

　　假定这是对的，那么只消把方框中的每个象形图案，和 PTOLMEES
这些字母对照起来就得了。

　　这一对照，便得到了上图的结果。

　　可是这还算不得数。也许这些符号代表别的东西，也不一定。
这须再经过一次核对证明才好。

　　运气真好。正在那时，菲雷岛上又发现了一块古代石碑，上面
也有着希腊文和埃及文对照的碑记。

在这碑上，也有几个地方，是加着方框子的，框子里面的象形符号，有几个尚波林早已认识了。所得结果如下：

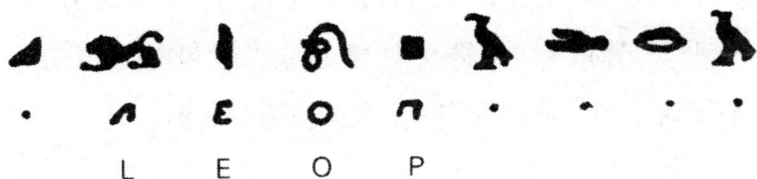

L　E　O　P

这里一共是九个象形图案，四个是已明白了，还有五个不知道。他因此就拿希腊文一对，原来是：KLEOPATRA 这个词。这样，他高兴得了不得，不但查出了这不认识的五个字母，而且证明他的推测是完全正确的。

原来每个图案，并不是一个词，却只是一个字母，而把整个框子里的字母拼起来，才成一个词。从这两个框子中的图案里，尚波林已认识埃及文的十个字母了，就是 P，T，O，L，M，E，C，K，A，R。

可是他用了这些字母，去解释那些不在框子里面的图案，却依然得不到结果。

对这没有框子的图案，又费了很多的时间，才算弄明白了。

原来埃及人只有写专名词（人名、地名）的时候，才用字母。此外的词却有各种各样的写法。埃及的文字，像画谜一样，有的象形符号是代表整个词，有的代表一个词中间的一个缀音，又有的是代表一个字母。例如：

34

U   V   A   N   I   有   书

O   气   O   车   啊

　　这些图中有代表字母的，如上面画的一只角代表字母 "U"，一只叉代表 "V"，一只竖琴代表 "A"，一条腿代表 "N"，一支针代表 "I"，窗子代表 "O"。有代表缀音的，如上面画的气代表 Par 的缀音，马车代表 Vos 的缀音，两手高举的姿势则代表 ah。又有代表整个词儿的，如上面画的一本书，就是代表一本书。但埃及文的"有"字，图上所画的，却是一个人在吃东西的样子。可是意义不是"吃"而是"有"。这是特别要注意的。

　　为什么要有这么多的麻烦呢？原来，在埃及文，同音的词是很多的。例如甲壳虫，在埃及文叫做 HPR（埃及字母只有声母，没有韵母），但是"是"这个词，也叫做 HPR。所以写甲壳虫这个词的时候，就不用字母，而画上一条虫，以免和"是"这个词混同。

　　下面是埃及象形字的一些例子：

在当初，埃及人也和印第安人一般，用图画来当做文字。这样的时期，过了很久。后来，慢慢地用缀音来替代图画，最后才渐渐变成字母。我们现在所用的字母，就是从这些埃及字母逐渐演变来的。

这样，从图画到文字，中间经过了几千年。

为什么有这些变化呢？

因为人类的生活在变化着。最初是游猎部落，后来逐渐知道种植和畜殖，又到后来，变成了商人和工匠。一个养牲畜的人，自然不会把他的每一头母牛，都画成精细的图样。他只用一个记号，记着各种牲畜的数目就够了。商人也不会把他所有的货品，一齐描画出来。他早就知道了用一种记号来记录一种货品。用一种特殊记号当做财产的标记，就是从这时候起头的啊！

这样，记号慢慢地替代了图案。埃及人的文字中间还有许多图案。波斯人和巴比伦人的文字，就没有图案了，只有些笔画和线条。波斯人和他们的邻居巴比伦人一般，用尖头的小棒在泥土制的砖上写字。因此笔画非常精细，而且带着楔形。所以一般称古代波斯文为"楔形文字"（Cuneiforme）。

楔形文字

经过了很多年代，没

有人能懂得楔形文字的意义，对于这种古怪文字的索解，几乎已绝望了。恰在这时候，人们却找到了解释楔形文字的钥匙。

这是一位德国的教授葛罗德芬特（Grotefend）所发现的。

这发现可并不是一件容易的事。因为他手头就没有两种文字对照的碑石。

葛罗德芬特研究古代波斯王的墓石，发现每一块墓石上都有同样的字。他就假定这些字是说"波斯国王"，或者相类的字样。

因此在这些字的前面，一定是国王的名字了。例如，"西鲁斯，波斯国王"。

有一块墓石上，这些同样的字的前面，是七个楔形符号。

葛罗德芬特知道波斯历朝国王的名字，如西鲁斯（Cyrus）、达里厄斯（Darivuch）、克舍尔西（Kchiarcha）、阿塔克舍尔西（Artakckliarcha）等等。他一个个地试拼着。

只有达里厄斯这个名字，是七个字母拼成。对照楔形字母如下：

D A R I V U CH

于是他懂得楔形文字的七个字母了。

用了这七个字母，他又读出了另一词：KCHIARCHA。

K CH I A R CH A

37

只缺少第一个字母。但这不难猜出来。这个字母是念"K",因为整个就是波斯国王克舍尔西的名字:Kchiarcha。

于是这个谜又猜中了!说也奇怪,葛罗德芬特和尚波林一样,都是从古代国王的名字上面,找到了秘诀的!

后来,葛罗德芬特又发现了别的字母。他照着开头那样,假定"波斯国王"这几个字之后,应该是国王的尊号,因此译出了下面的句子:

"达里厄斯,大王,众生之王,波斯国君,人民之王。"

古代波斯文就是这样研究出来的。

但是有一点要补充的,楔形文字并不是波斯人所发明,波斯人是从巴比伦人那里学来的。

巴比伦人也和一切古代民族一般,最初只会用图案当做文字。可是在泥土制的砖头上描图案,是很不相称的。因此他们所作的图案,一个个都变成楔形。例如画圆形,慢慢都变成方形。下面就是巴比伦人的象形字:

口　　米　　<>　　闹　　且
月　　星　　　鱼　　　屋　　手

用得久了,巴比伦人就不用每个图案代表一个词,却只代表一个缀音。后来波斯人又把楔形符号简单化了,每个图案只代表一个字母。

但是这些字母要等到几千年之后,才有人发明怎样读法,你想奇也不奇呢!

自从尚波林和葛罗德芬特猜破象形符号和楔形文字的哑谜以后，人们学得了多少新的有意味的东西啊！

可是这些文字的谜，能不能说到现在已经完全猜透了呢？直到目前为止，还没有人能够解释叙利亚和小亚细亚一带石狮子和斯芬克斯像上面所刻着的那些文字。这些地方原是神秘的希蒂德（Hittites）王国的领土，这个王国的建立，还在埃及以前。到现在我们只能从埃及人那里知道一些希蒂德民族的历史。可是必须等到我们学会了希蒂德文以后，才算真正知道了这个民族的过去！

而且就算把这些古怪文字，像翻电码那样地，一个个字翻出来，也还是不够。如果尚波林不懂得郭伯德民族的文字，他也不会懂得古代埃及的刻石，因为郭伯德人是古埃及人的后代，所以从郭伯德文字里，才能知道一些古代埃及文的大概。

还有哀德鲁斯克人（Etrusques）——古代意大利的居民——的文字，至今我们还是一个字都不识。

哀德鲁斯克人所用的字母，和希腊字母十分相像，所以照着希腊字母，很容易把这种文字念出来。可究竟是些什么意思呢？没有人能懂得。所以这种文字，不知道要再经过多少年，才会有

哀德鲁斯克人的文字

人懂得，或者竟永远没有人懂得。

你想，我们发现了这些古文字，能读出声音，却不懂得意义，这是何等不幸啊！

此外又不知道有多少文字的谜，要等待我们来解答！在我们这一生中，又不知道要新发现多少古代的文字呢！

第六章　文字搬家

许多种画图的文字，慢慢地都变成了记号的文字，可是直到我们现在，有好些地方，还照旧用着象形文字呢。

中国人发明纸、火药、瓷器、印刷，比欧洲人更早。中国人使用象形文字也要比别的民族更早些，可是直到现在，中国的文字，还没有蜕去那象形文字的外壳。

就在欧洲人中间，用象形文字的地方，也还多着呢。

比方在公共地方，画着一只伸开指头的手，表示道路的方向，电线杆上画着代表闪电的线，药瓶外面画着一个骷髅。这些图画原来就当做文字使用的，意思是说"往这里走！""当心有电！""内藏毒药！"等等。

但是把象形文字的式子，一直保存到如今，没有变成拼音文字的，却只有中国文字才如此。

现在中国人用的文字，也不能算是完全象形的了。因为要是把最初的画图文字，一直沿用到如今，写一个"日"字就画上一个太阳，写一个"马"字就画上一匹马，写一个"舟"字就画上一只船，不用说，抄写的人太费气力，就是读书的人，也会读得头晕眼花啊！

因此，中国文字也在时时刻刻变换着花样。越是到后来，笔画便越是简单，离真正的象形文字，也越是遥远了。

假如拿现在中国孩子们所念的书看起来，你会相信这些字全是画成的图形吗？

中国文字的演变

自然，你更不会相信欧洲人现在的文字，在当初却也是一个个的图形呀！

但是，现在欧洲人所用的文字，是从象形文字转变而成，这却是千真万确的事实。

　　从象形符号变成现在一般所用的文字，这中间的道路，是很长很长的。正像一个猎人，从野兽的脚印，一步步去追寻那野兽藏身的所在，研究文字的学者们也从现代文字，一步步去追寻古代文字的踪迹，这样才寻到了从象形文字到现代文字的一条漫长的路径。

　　原来我们现在所用的文字，是从这边搬到那边，搬了无数次的家，才搬来了我们这里。你只消翻开地图，就可以指出我们的文字是打哪一条路搬移过来的。

　　我们文字的原籍是在埃及。埃及人经过了一个长久的年代，都是用图画来表现思想的。可是后来到了一个时期，埃及人知道完全靠图画，是不够表现思想了。

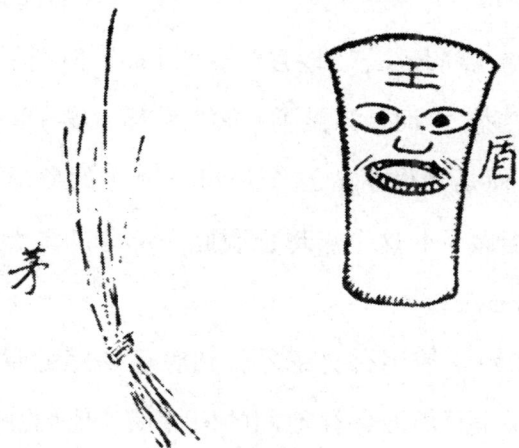

　　这问题就在记录姓名这一件事上面。假如一个人的姓名，是指一件什么东西的，那就很容易画出来。印第安人就这么干。印第安人有名叫"大海狸"的，只消画上一只海狸，人家就懂得是指谁了。

又比方是一个姓"李"或姓"钱"的，画上一枚李子或一枚道光通宝，就很明白了。要写上"茅盾"的姓名，我们可以用上图来代表。可是遇到"夏丏尊"就不好办了。再如遇到姓"赵"的，姓"周"的，姓"于"的，姓"潘"的，根本就无法描画出来。

古代埃及人用图画当做文字，最后就遇到了这样的困难。

因此，渐渐地埃及人想法创造出字母来了。埃及人原来就有几百个象形字，这些象形字有的当做一个词儿用，有的当做一个缀音用。除了这几百个象形字，埃及人又创造了二十五个记号。这二十五个记号并不像我们所用的字母那样，却仍是描绘出来的一个个的图形。

这事情很简单。原来埃及语言里有很多单音的词儿，例如"嘴"就叫 ro，"席子"就叫 pui，"地方"就叫 buo。但到了后来嘴的象形字，不仅代表"嘴"，而是当做了 r 这个声母。席子的象形字，不仅代表"席子"，而是当做了 p 这个声母。地方的象形字也不仅代表"地方"，而是当做了 b 这个声母，因此一部分的象形字就一变而为拼音记号了。

可是埃及人对于使用拼音记号，到底还是感觉到不方便，所以一面采用新法，一面仍旧保存他们的旧习惯。他们往往在一个拼音记号旁边，再加上一个图形。

比方 th 这个记号是代表"书"的，可是埃及人老是在这个记号边上，画上一卷书。an 的意思是一条鱼，但这记号边上往往再画上一条鱼。

　　埃及人舍不掉象形字，不仅是因为习惯如此，且还有别的原因。原来埃及的语言和中国的语言一样，单音的词儿很多。要是完全用拼音记号来写，那么有很多词儿，写出来完全会变成另一个样儿。所以为避免错认起见，许多记号的边上，必须再加上一个象形符号才好。

　　要是书的拼音记号边上，不画上一本书，鱼的拼音记号边上，不画上一条鱼，就会发生很多的错误。原来埃及人只发明了声母，却忘记了韵母。比方甲壳虫这个词儿，他们就写作 hpr，这三个全是声母，没有一个韵母。这样的文字，假如在边上，没有象形符号，自然不容易认得清了。

　　因此，埃及人虽然创造了拼音文字，可是并没有创造真正的字母。在埃及庙宇的壁上和埃及人所留下的芦叶纸上，我们看到了各种各样的象形图案，其中有的是代表一个词儿，有的代表一个缀音，有的又只代表一个声母。所以真正的字母，在古代埃及文里，却还没有存在。

　　发明真正的字母的，不是埃及人，而是埃及的敌人，闪族人（Senmites）。

　　大约在四千年之前，埃及给闪族进攻，征服；这闪族就是希克斯人，是从东方侵入尼罗河流域的。

　　希克斯的国王统治埃及，有一世纪之久。

　　从埃及的许多象形字和图案中间，希克斯人挑选了二十多个。而且把这二十多个象形字，改成了简单的记号。这样就产生了现代字母的老祖宗。

但这最初的字母，依然没有脱离象形的痕迹。希克斯人称"公牛"叫 Aleph，因此画了一个牛头，就成了字母 A。"房屋"叫 Bet，因此画上一所房屋的雏形，就算是字母 B。"人"叫 Rech，因此一个人头就代表了字母 R。

请看上面的三个图形，谁相信这就是 A，B，R 三个字母的原形呢？

就用了这样的方式，希克斯人创造了二十一个字母，其中有声母，也有韵母。字母的形式，是从埃及象形字中摹下来的，不过比较简单得多。

世界上最初的字母，从此就在希克斯人的王宫里出世了。

过了一个世纪以后，埃及人终于推翻了"外族统治"，获得民族解放。希克斯王国这名称，从此永远消失了。

可是他们所创造的字母，却在埃及北方沿地中海海岸的各国到处流行着。地中海海岸的闪族部落，腓尼基的航海家，犹太的农民和牧人，依旧保守着他们的祖先希克斯人的文字。

腓尼基人是惯于航海经商的民族。他们的船只，在希腊海岸一带往来不绝，从居伯罗岛起，一直到直布罗陀海峡为止。他们到了一处地方，便把他们的商品陈列在岸上：贵重的项圈、斧头、剑、玻璃杯、金杯等等。他们用了这些东西，交换皮毛布匹和奴隶。

他们所到的地方，除带去他们的商品以外，同时也传播了他们的文字，那些和腓尼基人做交易的人，也都开始学会他们的字母了。

这样的拼音文字从腓尼基人所居住的佛拉岛（Fera），不久就传到希腊的腓尼基殖民地。但这已经不是希克斯人在埃及所创造的那种文字了。腓尼基的商人，没有闲工夫来细心描绘那些曲折的图形。那些公牛啊，蛇啊，房屋啊，人头啊，已经脱胎换骨，变成另一种样子了。

后来，这腓尼基人所创造的文字，又从希腊搬到意大利，从意大利搬到我们这里。

可是离开了腓尼基以后，文字并没有立刻搬动。它在希腊中途耽搁了两千年之久，才开始向北方搬移。在这中间，它又经过许多许多的变化。

这样，埃及的文字经过了希腊、意大利，搬到北欧，从北欧又搬到俄罗斯，这中间要经过四千年之久。沿途所遇到的风霜雨雪，困苦艰难，那是不消说了。

它完全改变了本来面目：有的时候面朝左，有的时候面朝右，有的时候仰面朝天，有的时候又俯身向地。它曾经乘坐过有"十三个座位"的腓尼基的船只，它曾经骑在奴隶们的背上行走。有时它被藏好在盛芦叶纸的圆筒里，有时它又被装在修士们的背囊里。

在这一路，它丢失了许多。

可是，在路上也找到了许多新的伴侣。

临了儿，这些文字，算是搬到了我们这里。可是已经变得面目全非，相见不相识了。现在如果要找到这些文字的原形，那必须把埃及的象形文字，在西奈（Sinai）半岛哈多尔（Hator）女神庙里所发现的希克斯文字，以及腓尼基文字，希腊文字，斯拉夫文字，俄罗斯文字，各种欧洲文字，都放在一处对照一下，才有办法。

把这些文字对照起来，你会发觉公牛的头已变成了一个"A"，头上原有的两只角，却放到下面来了，此外的许多字母，也都转变成和原来完全相反的方向（见下页图）。

这是什么缘故呢？原来腓尼基人写字，是从右到左的，而现在欧洲人写字，却是从左到右。

最初希腊人学会了腓尼基人的字母，也是从右写到左的。随后，变换方法，第一行从左写到右，第二行从右写到左，第三行又从左写到右。可是这样的写法，觉得很不方便，所以后来索性完全从左写到右了。所以从左到右的写法，还是希腊人所首创的。

因为希腊人把从右写到左的习惯，改为从左写到右，跟着字形的方向也改变了。

所以文字和堆在车站上的货物一样，有的时候横堆着，有的时候竖堆着，在没有装到车箱里以前，它的位置，是随时可以转变的。

但是从左写到右，到底为什么一定比从右写到左更合适呢？

有的文字从右写到左，有的从左写到右，中国人却从上写到下，这中间的差别在哪里呢？为什么又有这些差别呢？

	埃及文	希克斯文	腓尼基文	古希腊文	圣西里尔时代的希腊文	斯拉夫文	现代欧洲文
公牛				A	A	A	A
房屋				B	B	B	B
角				Г	Г	Г	G
门户				Δ	Δ	Δ	D
人的呼声"喂"				E	Е	Е	E
橄榄				Z	Z	Z	Z
棕榈				K	K	K	K
绳子				Λ	Λ	Λ	L
水				M	M	M	M
蛇				N	N	N	N
眼睛				O	O	O	O
嘴				П	П	П	P
人头				Р	Р	Р	R
山				Σ	C	C	S
十字				T	T	T	T

字母的演变

事情是这样的。创造我们的文字的埃及人，起首也是从上写到下，和中国人一般。

当时的誊录手，左手拿着芦叶纸，右手写着。这样自然是从右

49

面开始写，要便当些。不然，从左面起首写，有他的左手挡着纸面，多不方便呢。

因此照埃及人的写法，这本书的名称，应该这样写：

书 的 故 事　白纸上写黑字

可是这样的写法，究竟也不能称心如意。写字的人写完了右面第一行，往左写时，往往会把第一行没有干的墨揩掉了。中国人一向从右写到左，有一个道理，因为中国墨干得很快。但埃及墨是用煤烟、植物膏汁和水混合而成的，干得很慢。

为了避免这个困难，当时的誊录手，就由直写改成横写，这样写字的右手，就不会揩去了上面一行的没有干的墨。可是从右写到左的习惯，却仍旧没有改。

字黑写上纸白
事 故 的 书

到了希腊人写字的时候，从右到左，终究感觉到不方便，所以后来又改成：

（第一个式样）

字黑写上纸白
书 的 故 事

（第二个式样）

白纸上写黑字
书 的 故 事

这第二个式样，横行从左写到右，后来便由欧洲各国共同采用了。

可是希伯来文（犹太人用的文字）和别的几种文字，至今还是从右写到左的。

上面我们说明了文字从埃及搬到俄罗斯这中间所经过的途程。但实在说起来，埃及的象形文字是向全世界各处分头奔跑的。上面说的不过是其中的一条路罢了。它不仅往北走，而且也往西走，走到意大利，就变成了拉丁字母。

此外，它更向东走，到了印度，到了波斯，到了乔治亚，到了西藏，到了朝鲜。可以说世界上没有一种字母，不是从埃及字母演变来的。

这已经够奇怪了。但是说到数目字的历史，却更奇怪呢！

我们惯常书写的那些数目字，其实也是从象形文字或图画文字变来的，你会相信吗？

原来经过一个很长久的时间，人类只知道用指头计数！

比方要说 1，就伸出一个指头，说 2 是两个指头等等。伸出一只

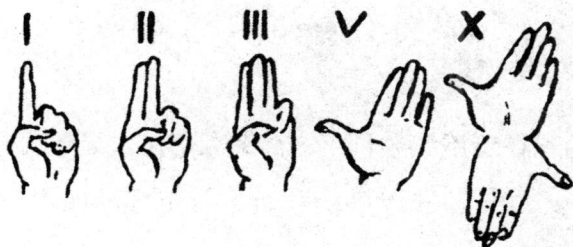

手的指头，就是 5，两只手就是 10。但若是要说出比这更大的数目，那就得把双手翻来覆去，和风车一样。不知道的人一定以为是在扑苍蝇，谁知他却是在计算数目呢！

这用指头计数的方式，后来就成为记录数目的方式。在罗马人所用的数目字里，I，Ⅱ，Ⅲ就是画上一个，两个，三个指头。V 表示张开一只手，X 表示张开两只手，这样就成为 5 和 10。

不单是罗马数目字，就是我们现在所用的 1，2，3……也是从指头变来的。

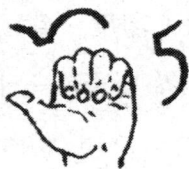

1 是一个指头，很容易明白；2 本来是两横画；3 本来是三横画；4 本来是四根棍子，交叉呈十字形；5 是一只伸开的手掌。但是和文字一样，数目字后来写得多了，快了，就变了原来的样子。因为写的时候，每个笔画连起来，这样逐渐就变成现在的样子。

可是我们现在所用的数目字，离开象形字，还不算很远。

至于 1，2，3，4，5 以外的数目字，更容易明白，是这五个字加起来成就的。其中最有意思的，却是关于"0"的故事。

"0"就是没有，就是空孔。可是人类发明了写"0"的方法，这中间又得经过长久的年代。

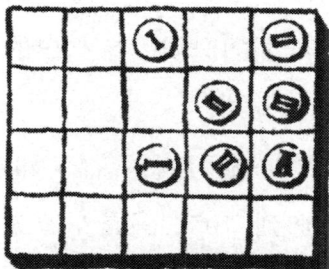

可以说，这个"0"的发明，和汽船或电话的发明一样重要。

在起头的时候，人们不知有什么"0"。计算的时候，是用一块小板，上面画成方的小方格。每个小方格里，预备填上数目字，外面加上一个圆圈。比方计算 102+23，就照图上的办法，把中间没有数字的位置空出来。

希腊人就是用这种小板，当做算盘的。希腊人还不知道写数字。他们用希腊文的第一个字母代替 1，第二个字母代替 2，其余类推。因此要是没有这一种算盘，计算是很困难的。比方 PI+LAMBDA 或 NU+RO，你想多么困难呢。

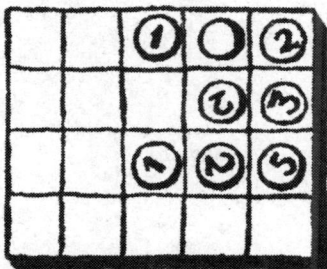

希腊人长于心算，算出来后只记上答数就是了。

但是不久以后，希腊人为方便起见，就用普通的桌子，当做计算板。桌上没有方格，记数目的时候，就画上一排圆圈。把数字填在圆圈当中。假如遇到位置是零，就空出那圆圈，不填上数目。就像①○②。到最后写在纸上的时候，这空白的圆圈，就成为我们现在所用的"0"了。

在俄罗斯和中国，现在还用一种算盘，和希腊人的计算板相类。不过算盘上没有"0"，遇到"0"，只是空着罢了。

下 篇

书 的 故 事

第一章　永久的书

文字不仅从一个国家搬移到别一个国家，从一个民族流传到别一个民族，此外还有别种的变化。最初，文字是刻在石头上面的，后来才写在芦叶上面，后来又从芦叶上面搬到了蜡版上面，从蜡版上面搬到了羊皮上面。到了最后，才搬到了我们现在所用的纸头上面。

譬如一棵树，从沙土上面长出来的，和从肥沃的土质上面长出来的，完全不一样。文字也是如此，生长的地方不同，样子也就不一样。文字刻在石头上面的时候，笔画全是硬而挺直的。写在芦叶上面，笔画就变成弯曲的了。从蜡版上面长出来的文字，弯得和钩子一般。在陶土上面的，却都是有棱角的，像星儿角儿之类。可是

57

到了在羊皮上和纸上书写的时候，文字也会时常变花样儿，变得简直五花八门，无奇不有。

下面的图，便指示着在各个不同的时代用各种材料记录出来的文字。

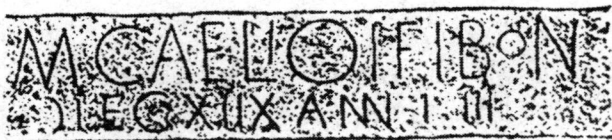

刻在石上的字

刻在蜡上的字

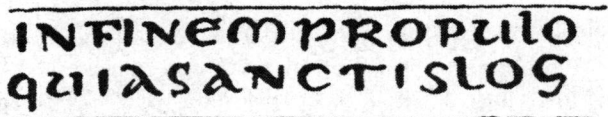

刻在羊皮纸上的字

一看就明白：刻在石上的字，都很工整，笔触是硬的。刻在蜡上面，就变成弯曲不整齐的了。写在羊皮上面的时候，笔触又是圆匀而精细的。开头看起来，你会当做这三种文字，是用三种不同的字母写的。谁知这些全是拉丁字母，不过写在三种不同的材料上面罢了。

你看文字多会变花样啊！

现在我们日常惯用的铅笔和纸，其实发明得并不多久。在五百年前，那时学生用的书包里面，既没有铅笔，也没有金属制的笔头。他们是用一根尖头棒，在一块蜡融成的版上面写，他把蜡版放在膝头，用棒刻在版上面。

这样的写字方法，当然不是十分方便的。可是我们却不能这般说。要是追溯到最早，当人们开始描画那些史前时代的图形的时候，所用的一套方法，简直困难到不可思议呢！在那时候没有一定的写字工具。怎么样写法，写在什么东西上面，都没有一定办法，每人都得自己想办法。

凡是一切落到手里的东西，都可当做写文字的纸头用。例如，一片羊的肩骨，一块石头，棕榈树叶子，陶器的碎片，野兽的皮，一片树皮等等，不管是什么，都是好的，都可以用一块骨头或一块尖石头，把图形刻上去。

这些粗蛮的写字方法，一直流传到很久的年代。据说穆罕默德著《可兰经》就是写在羊的肩骨上面的。希腊人会议中，投票的时候，不像我们那样写在纸头上，却用一块陶器的碎片——希腊人叫"Ostra-ki"——当做了票纸。

到了芦叶纸发明以后，因为价钱太贵，有些贫寒的著作家，还是

用着盘子、碟子的碎片写字。有一个故事，说希腊的一个学者，打破了他所有的陶器和杯盘，才写成一本书。

还有一次，罗马的兵士和官员到埃及行军，因为芦叶纸短缺，就在陶器碎片上面，写他们的报告和收据凭票。

棕榈树的叶子和树皮，比较方便，所以当时人们都用一枚针在这上面刻字。这方法使用得很多，一直到芦叶纸发明时为止。

在印度有用棕榈树叶写成整本著作的。他们先把叶子的四边切齐，随后用针线穿起来；边上涂上金或者颜料，这样就做成一本很美观的书。这样的书不像现在的书，却像现在的百叶窗。

这些用骨头、陶器和棕榈树叶子做成的书，现在除在博物院里外，已经见不到了。可是还有一种古代人所用的书写方法，我们至今还用着，这就是石头上刻字。

一本石头上刻成的书，是最经久的书。

四千年以前，埃及人在庙宇及坟墓壁上刻着的全部历史，能够一直保存到今日。同样，现在我们也常把重要的文字刻在石碑上，以永垂不朽。

可是用石头做书本子，这样的事在现在到底已很少见了。这有两个原因：一则因为石头上面刻字，没有纸上抄写容易，二则因为一本用石头刻成的书，至少也得有几百斤重，要翻开看的时候，就得用起重机，而且这样的书，你不能放在家里读。你也没法子从邮政局里，投寄一封石头刻成的书信。

因此人们曾经费去很久的时间，想找寻一种可以记录文字的东西，这种东西必须很轻很薄而又很经久。

起初试验过用黄铜。至今还留下许多铜碑，上面刻着文字，这些都是做古代王宫和庙宇的装饰品的。

这些铜碑，有的占满了全个墙壁，也有的是在正反两面刻着字的，那便不钉在壁上，却在屋梁上挂起来。

一本石头书

铜条约

有这样一幅图画，是雕刻在礼拜堂黄铜的正门上的。所画的故事，就是哀丁纳伯爵和勃罗雅城市民订立的契约。市民允许在伯爵的堡邸周围，建造一座城墙，同时交换了征收酒税的权利。

现在酒早就喝完了，喝酒的人也躺在坟墓里了，堡邸周围的城墙，也早就倒塌了，只有这个契约至今还刻在礼拜堂前面的黄铜大门上。

但不论是石刻的书还是铜刻的书，都太笨重，不好搬运。而且最糟糕的，在硬性的石头或黄铜上面，要刻上文字，非常艰难。比方说，现在我们的著作家，在写作的时候，必须穿上一件皮制的工作衣，两手拿着斧头和凿子，干那石匠的勾当，你说能不能行呢？

这样，如果要著成一页的书，必须拿斧头凿子，干一整天的苦工才行啊！

从这些想起来，我们现在所用的书写的方法，确是比古代高明得多了。可是纸头不能十分经久，这倒是真的。古代的人们想过多少时候，要找出一种东西，像石头那样经久，又要像纸头那样容易写字。到最后，居然想出来了！

很久以前，居住在底格里斯河和幼发拉底河流域的巴比伦人和阿舍里亚人早就用过这方法的。在古琼占克（Kou-joundchick）这地方，古代尼尼微（Nin-

ive）城的废墟，一个名叫黎华德那胥的英国考古学家，曾经发现了阿苏尔巴尼泊尔（Assurbanipal）王的图书馆。说也奇怪，这一座图书馆里却找不出一片纸头。

原来这些书是用砖头做成的。先制就了厚而大的平滑的泥砖，随后用一只带三角尖的小凿子在砖头上面凿成文字。

凿子钻进去的时候很深，可是拔出来的时候很快。因此每一笔画，开头是颇粗的，尾巴上却很细小，像蝌蚪的样子，古代巴比伦人和阿舍里亚人能够很快地在整块砖头上，写满这一种蝌蚪字。

要让这砖头耐久，所以凿好文字以后，先用太阳晒干，再送给烧窑的去烧一下。现在，我们的烧窑工人和制作书籍这一行，是绝不相干的。可是在古代，烧窑的人不但会烧盆碗，而且也会烧"书"。

这些在窑里烧过的书和石刻的书一样耐久。

用这种方法做成的书，不会被火烧掉，不会潮湿霉烂，就是老鼠也不会噬坏它。自然，掷在地上，是要碎裂的，可是仍旧可以把碎片拼合起来。尼涅夫地方的古代图书馆里的砖头书，大半是破碎的。可是经过许多学者的长久工作，终于拼合起来，回复它的原状了。

古代尼涅夫图书馆中的书

　　尼涅夫图书馆里一共有三千块砖头。一部书就有许多块碎砖头，和现在一部书有许多页一样。可是砖头却不能像纸头那样装订起来，因此每块砖头上必须注明书名和砖头的号数。

　　例如，有一部关于开天辟地的书，开头第一句是说：从前时候，我们头上的东西，并不称作天。

　　这部书的每块砖头上，都有这么一句。后面依次题上一、二、三等数码，一直到最后一块砖头为止。

　　此外每块砖头上，都有图书馆的印记。这自然更容易明白。

　　"在阿苏尔巴尼泊尔——战士之王，人民之王，阿舍里国之王——的王宫里，纳巴神和哈斯米泰女神赐给国王以聪敏的耳朵，尖锐的眼睛，他能够搜寻王国内所有作家献给先代国王的一切著作。在理智的纳巴神鉴临之下，朕特搜集这些砖头，命令官吏重抄一份，记上朕的称号，藏诸宫殿，以垂不朽。"

　　这是每部书上面所写着的题记。在这图书馆里有着各色各样的书。有的记载阿舍里亚人和里地安人（Lydien）的战争，腓尼基人和阿美尼亚人的战争。有的记载巨人奇尔格美楚和他的朋友沙巴尼

的故事，这巨人据说是生着弯曲的角和公牛的腿与尾巴。

还有的是记载女神伊斯泰的故事，伊斯泰从天上下凡，而且亲入地狱，去会见她的丈夫。还有关于一条河的故事，这河把整个地面冲毁，变成了浩茫无边的大洋。

每天晚上，阿舍里亚国王要是不能安眠，便命他的奴隶到图书馆里去找寻几本书，叫他在旁高声朗诵着。听着这些故事，国王就忘却一切忧烦了。

阿舍里亚人不仅用泥砖写字，而且也用泥砖印刷。他们用宝石斫成了圆筒形的铃印。圆筒外面刻成了凸出的花纹。在国王和外国订立条约的时候，就用这圆印在泥砖上转过去，就在砖上显出显明的凹形花纹了。

说也奇怪，现在在布匹上印花纹也是用这个法子。还有一种印刷机，把铅字浇在滚筒上面，难道这竟是阿舍里亚人发明的方法吗？

古代的许多契约、账单、发票，保存到现在的，都盖上印章。印章附近又往往签着名字，或者有一个手指印。这大概是一个不会写字的人，所以用指纹来替代签字的啊。

第二章　带子书

　　砖头做成书已经算是很古怪了，可是埃及人另外又发明了许多种做书的方法，那才更古怪呢。

　　你可以设想，是一条长长的带子，有一百米长。看上去像是纸头做的，其实却是一种稀奇古怪的纸头。仔细看起来，才知道是用一种长方形的薄薄的质料，一方方连接起来的。要是撕下一片仔细检查的时候，就会发现是用双股细线搓成的东西黏合而成的。

　　这东西黄色，有光亮，面上光滑而易碎，和蜡版一样。文字并不是依着带的长度一直写过去，而是分着格数写的。要是依着带的长度写过去，那么读的人必须从一头走到那头，又从那头回到这一头，多不方便呢。

这种特别的纸是用一种古怪的植物制造的。

埃及人在尼罗河畔一些低湿的地方，种满了许多矮小的树木。其实这还不能算是树木，不过是一种类似芦苇的植物，长得有一人高。

这植物的茎是光滑而且直的。顶上开着一朵花冠。

这植物的名称，叫"Papyrus"，我们现在译成芦草。

现在许多国家的文字里，还保存着这个名称。譬如"纸"这个字，在英文叫 Paper，在法文叫 Papier，在德文叫 Papier，在俄文叫 Папка，都是从 Papyrus 这个字变来的。

这怪异的植物，是埃及人一日不可缺少的东西。他们用这植物做成纸，可是也用着当食品，当饮料。他们用这植物做衣服、鞋子，甚至造船。芦草加水煮熟后可以充饥，汁可以喝。芦草的皮，可以做鞋子。把茎榨成浆，可以做成一只船。可见这和牛尾巴一样的芦草，对于埃及人是非常有用的。

有一个罗马著作家，曾经亲见用芦草制造纸，他的著作里，描写古代埃及人制纸的方法如下。

他们先把芦茎劈成薄而大的片。随后一片片黏合，成了一个整

页。黏合的方法，是在一张
台子上，把芦片摊着，上面
倒着尼罗河上多黏土的水。
这黏土就当做了糨糊。那台
子必须倾斜，水才能不绝流
动。做成一页以后，再在横
直四边用线缝过，这样芦叶
纸就做成了。

做成了一沓芦叶以后，
放作一堆，上面加上重的东
西，压得平直。最后才把芦
叶在太阳下面晒干，并且用
一种骨头或贝壳把叶面磨光。

采纸草

芦叶纸有许多种不同的品质，和现在我们用的各种纸头一样。
挺讲究的纸头，是用芦茎的芯子做的，有十三个指头阔，同我们用
的练习簿差不多。埃及人称这种纸叫"圣纸"，因为专作誊写圣书
用的。

罗马人从埃及人那里买了这第一号的芦叶纸，改称"奥古斯都
纸"，表示尊敬罗马大帝奥古斯都（Auguste）的意思。第二号纸却
叫做"里维亚"（Livia）纸，那是罗马皇后的名字。

此外还有别的品质的芦叶纸。最坏的一种"市纸"，只有六个指
头宽，不能作抄写用，只能包东西。

出产芦叶纸的地方，是在埃及北部亚历山大里亚（Alexandria）港。因之有"亚历山大里亚纸"之名，至今还沿用着。从这个港口，把芦叶纸运到罗马，运到希腊，又运到小亚细亚各国。

写书的时候，先在芦叶上，一叶一叶地写。写完了二十叶，便用胶水粘起来，做成约有一百米长的手卷。

这种书怎样读呢？

要是你把这书摊在地上，就会占满了你的整个屋子。你在地上爬来爬去地读着，不见得会舒服。装上一个架子吧，哪有这么长的架子。就算有，屋子里摆不下；放在屋子外面呢，天下雨了又怎么办？而且也难免坏人过路的时候，把它撕破了。因此这些书只有卷成一卷，要读的时候，就请两位朋友，各人拿着一边，慢慢地展开来读着。但怕的是这方法也未必成功。因为什么地方去找寻两位朋友，每天站着几个钟头，给你捧书本子呢？

那么把芦叶切开，用线订成一本像现在我们用的书，不是很好吗？

但是不能。因为芦叶纸可不能像普通纸头那样随意折叠。一折就要碎裂的。

埃及人发明的方法，可实在是聪明。他们用两根竿子，把芦叶的每一端粘在竿子上面，竿子就变成了两个轴，这样从两面卷起来。这轴上短而

下长，露在纸下面的部分，雕上人物图画，做成了一个柄。读书的时候，只消两手拿着两个柄，读到哪里就卷到哪里，这不是十分方便吗？

现在我们藏放地图和报纸，也还是用这个方法，以免碎裂。

可是这样的书，也有一个不方便。展开来读的时候，左手拿住柄子，右手把另一个柄子转着，这样读下去，两手都不得空儿。假如在读书的中间，你把右手指去搓一搓眼，或者去拿一支笔，那么整个手卷，就会一齐展开来。因此要从这种书的中间，去抄下来一段，是很困难的。必须有两个人，一个念着，另一个抄下来才行。

一个学生，假如要参考很多的书，每本里都要去翻翻，那么用这样的书是非常不方便的。

但芦叶的书，不方便的地方，还不止这一点。因为一个手卷还不过是整部书中间的一部分。我们可以印成一厚册的著作，在埃及人、希腊人、罗马人，必须分成许多手卷。所以那时候的书断不能藏在衣袋里。假如要把一部书带回家，那必须把许多手卷，装进一个圆的筒，和大的帽盒子一样，再用皮带缚住捎在背上才行。

因此有钱的人自己从不会带了书走。当他走到图书馆去的时候，一定带着一个奴隶，叫奴隶给他搬运着他所要

70

带走的书。

那时的图书馆就像现在贩卖糊壁纸的铺子。书架子上面放着一卷卷的芦叶纸，每一卷上面附着一个标签，记上书的名称，看上去很像是些糊壁纸。

芦叶纸上写字也是用墨水，可是和我们现在用的墨水，就大不相同。这是用煤烟和水而成的。要使得这些墨水不会在纸上洇开来，就加上了一种阿拉伯的胶汁。

这种墨水不像我们所用的墨水那样耐久，只消用一块海绵和着水，在芦叶上一擦，就可以把字迹完全擦去了。有时手头没有海绵，埃及人就能用舌尖把字迹舔去。从前有一个故事，说的是加列古拉（Caligula）皇帝，举行考试，发现了某诗人不够资格，就罚这诗人把他所写下的著作，全用他自己的舌头舔去。

那时候的笔和我们现在所用的也不同。那是用做马鞭的柄的那种植物做的，有铅笔那样长，头上削尖，劈成两片。

这头上是非劈成两片不可的。我们现在所用的钢笔头，不是头上也分成两片吗？要是把这中间的一片碎掉了，这一个笔头就不能

再写字。因为笔尖分成两股，墨水可以从中间的空隙渗出来。写字的时候，要笔画粗些，你就揿得重；要细些，你就揿得轻。这是很巧妙的方法，其实是埃及人早已发明了的。

在金字塔的壁上，现在还可以看见许多埃及的誊录手的像，这些誊录手大部分是年轻人，坐在地上，左手捧着芦叶卷，右手握着一支竹制的笔。

誊录手有一个习惯，就是在两耳后面，各插着一支笔，和现在机关上办公的职员一样。

现在我把一个关于誊录手的故事讲给你听吧。

要是你看一看誊录手手上捧着的芦叶卷，你就会很诧异，原来这些写在芦叶上的字体，和你所认识的埃及象形字大不相同啊。这是一种拙劣的书法，和我们惯常在埃及庙宇和坟墓的壁上所看到的工细的图形，真大有天壤之别。

这原因是不难懂得的。原来在芦叶上写字，要比在石头上凿图形简单得多。在石上凿字，要半个钟头，在芦叶上写，只消一分钟就行了。知道了这一层，埃及象形文字，在芦叶上面，完全失掉了工细齐整的原形，就并不足怪了。写得快的时候，笔画就潦草了许多，而图也描得简单多了。

只有那些僧侣，才要写得整齐好看，所以每字每行，都不惜花费工夫，慢慢地描着。可是不属于僧侣阶层的那些普通人呢，他们是越写得快越好。

因此埃及的文字，到最后分成三种字体：象形体，僧侣体和通行体。

这可见芦叶纸的发明，对于字体，实在起了一个大革命。

这里我们要讲起的那个誊录手，便是写那通行字体的。当那些穿白布衣服的工人把麦子一袋袋地捎到仓库里去堆存的时候，我们这位誊录手，就用笔记着数目。管工的工头一喊出袋数，他就得立刻记在芦叶纸上。你想他又怎能每个字都描上精细的花样呢！

这些大仓库就在粮食铺旁边。工人们捎着盛麦子的袋，走上砖石砌成的阶道，到了麦仓的门口，把整袋的麦子倒进去，随后就很快地下来，好让别的工人捎着满袋的麦子走上去。

最后所有的麦子都秤过了，登入了粮食铺的账簿，工人们交还了空袋子，各自回家去了。誊录手收拾起纸笔墨水，和工人一块儿在街上走。

埃及的誊录手

街旁的房屋都很高，仰起头只看见一条细缝的天。这里是富人住的地方。工人们的小屋子，却是在城市的尽头。

有几个工人就在街旁歇一歇足，和他们的朋友喝杯啤酒，或者喝一杯用棕榈树叶酿成的更强烈的饮料。

可是誊录手尼奇萨蒙却不曾在酒馆门前驻足。他悲哀地回到自己家里。他要再等十天，才能领到工钱。最近一次领的工钱，他老早就花完了。在他家里，没有面包，没有油，也没有麦子。他不认识一个人，也没地方去借钱。

自然也有一些誊录手，在乡间有美丽的屋子和大笔的财产。

比方专管国王谷仓的誊录手奈西谟德。听说他侵占了很多的公款，现在，成为城里最富的人了。可见一个规规矩矩的人，是只有饿死的。

尼奇萨蒙回想起出学校以后七年中间的生活。在贫穷苦恼中过了七年！在学校的时候没有人想到他的前途是这样的。没有一个学生比他更聪明！他学会读书写字比什么人都快，算学也没有人能够胜过他。

整部的算书，他完全记熟了。又如几何学，在第一页上写着"了解一切神秘事物，和一切事物中隐藏着的秘密的方法"。可是他也整部记熟了。

譬如五个人分一百个面包，其中两个人所得的，应该比其余的人所得的多七倍，这应该怎样分法？这样的算题，除了他也没人能够算出。唉，原来在书本上面，分配东西，也是不公道的啊！

　　而我们可怜的尼奇萨蒙，并没有这样幸运，可以分得比旁人多七倍！

　　可是他不甘心，老是忧虑悲伤着。他还年轻，有力气，他不是傻瓜，那为什么要自暴自弃呢？

　　他放轻脚步，走进了他的那间矮屋子里，他的老婆和儿子在那屋子里等候着他。他的儿子还只有六岁，已经在学着做誊录手了。他已经能用他的小手，在芦叶卷上描画那些圆圆的有角的字儿了。

第三章　蜡的书

　　蜡可以做成烛，这是大家都知道的。可是一本蜡做的书，那就有些古怪了。蜡做的书，比之于我们上面说起过的砖头的书和带子的书，更来得好看，只是一遇到火，却会像牛油一般融化。这蜡的书是罗马人发明的，可是一直到十八世纪初，法国大革命时代，还有人用着，你相信吗？

　　看下边的图就知道蜡的书是什么式样。这是用一块块的小木板做成的。每块木板像现在我们的书本子那样大小。木板中间挖去一块长方形的框，这框中间填上了黄色的或染成黑色的蜡。

　　木板的两头都有一个小洞，从这小洞，穿过一条线，这样就把许多块小木板，订成像一本书的样子。第一块和最末一块木板的外

蜡的书

面是不上蜡的。这样把这书闭上的时候，不会擦坏了书中的蜡。

在这蜡版上面，用什么方法写成文字呢？

那自然不是用墨水写的了。这要用一种钢制的尖笔，名叫 Stylet。这 Stylet 一头是尖的，另一头却是圆的。尖的一头在蜡上刻字，圆的一头是用来磨去写错的字。

这圆的一头就是我们所用的橡皮的老祖宗。

蜡版价钱很便宜，所以很多人用来记笔记，演算题，开账单，甚至写信。

那时候，芦叶纸全是从埃及输入罗马的，价钱很贵，所以只能作写书用。

蜡版又有一个方便，就是可以用得很久。

罗马人往往在蜡版上写了信寄给朋友。那朋友接到了信后就把原信擦去，在原来的蜡版上写上复信再寄还他。这样，一块蜡版，擦去了写上，写上了又擦去，可以供无数次的使用。

"你要多用你的笔圆的一头"，这是当时指示青年作家常用的话。现在我们称赞别人的文章，总是说"文体很好"。文体就是 Stylet，和中国人说"笔法"一样，虽然像 Stylet 那样的笔现在早已没有人用了。

不过蜡上面的字容易擦掉，这也有不便的地方。有的时候，一封重要的秘密信件，还没有送到目的地，中途就给递信的人擦掉了。因此发明了一个寄秘密信的方法：把信在蜡上写好了，上面再涂上一层蜡。这上面写上些"你好吗""请来舍间便酌"之类不相干的话。收信的人把外面一层蜡揭去了，就会发现里面一层的秘密信。

所以那时候的信，和我们的屋子一样，有的是一层楼，有的是两层楼。

拉丁字母的文字，刻在石头上面是工细而且挺直的，写在芦叶上面，就变得圆浑了。现在在蜡版上面写出来，就越加潦草得不成个样子。

只有精通古代文字的学者，才能认出写在蜡版上面的罗马字。我们不懂古代文字的，简直不会明白这一钩一捺究竟是写的什么。

假如不信，你可以试一试，在一块蜡版上写几个字，你就会知道要写得工整是很难的，尤其是写得很快的时候。

一直到了发明铅笔和廉价纸张的时候，我们才能够不用蜡版。有几个世纪，学生都是在腰间系着一块蜡版的啊！

在路贝克（Lubeck）的圣约翰教堂的屋角里，曾经发现了古代学生所用的大批的蜡版；还有在蜡版上写字用的笔，切羊皮的小刀，以及打手心用的戒尺。因为你应该知道，在那时候，学生时常被毫不留情地打手心。从前人常说"我曾吃过手心"，这意思就是说"我曾进过学校念书"。

在几千年以前的一本拉丁文的书里，有这样一段先生和学生的对话。

学生："我们是小孩子，请先生教我们学好拉丁文，因为我们的拉丁文很不行，我们都是无知无识的。"

先生："我教书的时候要打人，你们愿意不愿意？"

学生："宁可为了读书挨打，不愿意老是无知无识。"

谈话就是这样地继续下去。

你可以想象那时候学生的光景：两脚交叉着，坐在地上。一块蜡版安放在膝盖上面，左手捧着版，右手写字，一面先生念，一面学生写。

用这蜡版的，不光是学生，僧侣们写教堂堂谕，诗人写作品，商人记账，宫廷贵人们写情书给美丽的太太小姐，或者写决斗请求书给情敌，也都是用这蜡版的。

普通人用的蜡版，是枫树做的，外面加上一个皮套子保护着。里面所涂的蜡是很脏的，有时还掺和着脂肪。另一些人却用着上等木料制成的蜡版，有的是十分讲究的，用象牙嵌镶着。

这几百万块的蜡版，现在哪里去了呢？

　　人们老早就把这些劳什子烧掉，或者掷在垃圾堆里了，和我们现在抛掷废旧纸头一样。可是现在如果发现一块两千年前罗马人写过字的蜡版，那要花多少钱才能买到啊！

　　罗马人用过的蜡版，留到现在的，已是很少了。大部分我们现在所保存的，是从庞贝（Pompeii）旧城银行家 Jucundus 的屋子里找到的。庞贝城是在维苏威火山爆发时，和邻近的另一个城市海尔古拉囊（Herculanum）同时给火山所喷出的烟灰埋没了的。假如没有这一次的火山爆发，这些蜡版，就不会传到我们手中，你想奇也不奇？

　　我们现在所有的罗马人的芦叶手卷，只不过二十四卷，也是从海尔古拉囊城的灰烬堆中找寻出来的。世界最可怖的火山灾害，还不及几世纪的时间糟蹋得厉害。时间是不吝惜一切的，它擦去了人类活动的一切痕迹，正和笔的圆的一头，撩去了蜡版上的字迹一样。

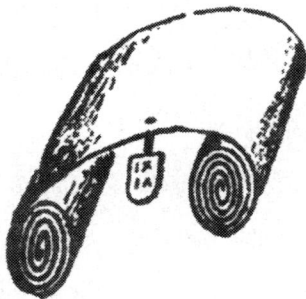

第四章　皮的书

　　芦叶纸正到了它的全盛时代，便出现了一个劲敌，那就是羊皮纸了。

　　羊皮纸的原名，叫 Parchemin。在很久以前，游牧部落的人们，也曾经在野兽皮上写过字，可是这些兽皮，并不像 Parchemin 那样方便。这 Parchemin 最初发明经过的情形是下面这样的。

　　在埃及亚历山大里亚的著名图书馆里，藏了有近一百万卷的芦叶书。当时埃及伯多罗美（Ptolomee）朝的皇帝特意经营这图书馆。因此这亚历山大里亚图书馆，始终葆有着世界第一大图书馆的位置。可是不久，另外有一家和它竞争的图书馆。这是小亚细亚贝尔格姆（Pergame）城的图书馆。于是当时的埃及皇帝想了种种报复的方法。

他就下令禁止芦叶纸输出到小亚细亚。

贝尔格姆的国王，为了抵制起见，就命令国内最巧妙的工匠，用羊皮制造一种可以写字的东西，以替代芦叶纸。从那时候起，贝尔格姆就成为制造羊皮纸的中心了。而 Parchemin 这个名儿也是从这个城名转变来的。

羊皮纸比较芦叶纸有许多优点。羊皮纸容易切开来，而且可以随意折叠，不怕碎裂和折皱。

起初人们还不懂得这些好处。虽然用羊皮纸，也和芦叶纸一样地卷起来。后来明白羊皮纸可以折，可以裁，可以用线订成一本书册子。这样，把许多页装订成册子的真正的书，才第一次出世了。

制羊皮纸的方法，是用新剥下来的羊皮或犊皮，先浸在水里，浸软了，将外面的一层薄皮剥下来，再浸在灰汁里。随后用刀刮去上面的毛，再用铅和轻石把整张皮子琢得光光的。

这样就变成了一张薄皮，颜色微黄，两面清洁而光滑。

羊皮纸越是薄，越是值钱。挺薄的羊皮纸，可以卷成一大卷，盛在一个核桃壳里。罗马著名的演说家薛赛罗据说看见过一卷极细小的皮纸卷，里面抄着《伊利亚特》中间的二十四首歌。

羊皮的四边是不整齐的。所以要把不整齐的切去，成为一大张长方的羊皮纸，这羊皮纸对中折成两页，当中穿上线，这样便可以订成册子。每一本书册子，大概有四大页，即八个单页。后来又把羊皮纸折作四开，八开，十六开。这就成为后来各式大小的书本子的开法。

羊皮纸上两面都可以写字，芦叶纸却只能写一面。这是羊皮纸的一大便利。

羊皮纸虽然有这么多好处，可是这要经过很久的时间，羊皮纸才最后战胜了芦叶纸。在最初，著作家用羊皮纸写稿本。书稿到了书铺里再用芦叶纸重抄了，才能卖出去。

因此，一本书要从作者手里到读者手里，中间要从蜡版抄上羊皮纸，再从羊皮纸抄上芦叶纸。

可是到后来，埃及的工场，供给芦叶纸的数量逐渐少了。到了埃及被阿拉伯人征服的时候，芦叶纸对欧洲的输出完全断绝。这样羊皮纸才得到了最后的胜利。

不过这不算是光荣的胜利。因为当时罗马帝国，给北方和东方的半开化部落侵入，已经灭亡了有几百年。连年不断的战争，把那些富庶的城市都变得贫苦。受过教育的人，甚至懂得读书写字的人，一年少似一年。等到羊皮纸成了写文字的唯一材料的时候，几乎已经没有人会抄写文字了！

从前专给罗马著作家誊录书籍的那些铺子，老早都关闭了。现在只有在深山丛林中间那些修道院里，才有几个修士，为了"超度灵魂"起见，还在埋头抄写着经典。

修士关在一间小屋子里，在一把有大靠背的椅上坐着，虚心诚意地抄写《圣萨巴斯丁传》。他并不匆忙，所以总是一笔一画十分工细地描写着。他用的笔，大部分是一根鸟毛，把一头削尖了。鹅毛或鸦毛当做笔，在那时候是很流行的。

墨水也和埃及人、罗马人所用的不同。为了在羊皮上写字，当时发明了另外一种墨水，更耐久，可以渗入皮里面，没法子擦掉。这是用五倍子汁，加上硫化铁、树脂或阿拉伯树胶调成的。这方法现在还在用着。

抄写《圣萨巴斯丁传》的修士

因此欧洲人常称五倍子，叫"墨汁果"，甚至有人以为墨汁果是从墨汁树上生长出来的，可是墨汁树和"牛乳河"或者"糖酱池"一样，是世间罕有的东西啊。

其实五倍子并不是果实，乃是橡树的树叶上，树皮上，树根上所生的一种寄生植物，约纽扣大小。

先用五倍子汁混合在硫化铁（这是铁在硫酸中溶解后所成的美丽的结晶体）中间，这样就成了一种黑色的液体。随后加上树胶，就成为浓厚的墨汁了。

下面是制墨水的方子，是从刚发明纸的时候一本俄国的旧抄本上记下来的。

"把五倍子浸在莱因酒里，随后用太阳晒，或者用炉火焙着。最后把那黄色的液汁，用一块手巾滤过。把这汁水倒入瓶中，外加硫化铁和少许面粉。再用勺子不断地搅着。再放在温暖的地方。过了几天，就成上等的墨水了。

"浸在酒里的时候，五倍子的数量越多越好。硫化铁要一点点加上去，加到适度为止。如果写起来，颜色还不够黑，加上一些树脂粉末，颜色就更深了。随后写起来可以完全如你的意。"

这种墨水，和我们现在所用的有一个不同点。在开始写的时候，是带淡灰色的，要过一些时候，才变成黑色。我们现在用的墨水，却是加上了颜料，写出来的时候和到后来看的时候是一个样子，所以说更好些。

虽然谈到了墨水，可是我们仍旧没有忘记我们那一位修士。修士开始抄写的时候，先在羊皮纸上，细心地画好横格子。画格子是用一根铅棒，外面加上皮套子，这就是我们所用的铅笔的老祖宗。至今德国人还叫着铅棒（Bleistift），不叫铅笔。

修士先在羊皮纸的上端，画上一条粗边，随后画着许多细的横线，行格才能写得整齐。铅线的颜色很淡，这只要隐约可辨就够了。

随后修士开始写字。要是他会画图，那么每节第一行开头第一个字母，必须写得特别大，而且画上一些图画。比方是一个大写的S，他就画成两只鸡相斗。要是H，他就画上两个武士比武。有一些抄写员，能够描成各式各样的图画，装点每一章的第一个字母。有的画成从来没有人见过的奇形怪状的妖精，如人头的狮子，鱼尾巴的鸟，以及各种怪兽之类。

这个做装饰用的字母，不一定用黑色，有时用绿、红、蓝等各色。但是大部分是用红色。因此到了现在，俄国人称每节的第一行，叫做"红行"；虽然现在用的书，已没有印红色字母的了。

还有一点和现在不同。我们现在写第一行，总是在头上空出一些地方。可是中古时代的誊录手，恰恰相反。开始第一行一定写在格子外面，因此第一行比旁的各行，一定是特别长些。

遇到修士自己不会画图的时候，他就空出第一个字母，让别人后来补上去。这第一个字母画成了或者留下空白了，修士就接着一笔一画地写。

他毫不性急，宁愿慢慢地写，不会写错了字。那时所有的书，都是用拉丁文写的，很少人懂得这文字。不懂得意义的文字，只好依样画葫芦，这样错误自然是很难免的。实际上，中古时代的抄本，抄错的字很多很多。

誊录手一写了错字，就用一柄小刀把错字刮去。这小刀和现在外科用的解剖刀一样，有短的，有长的，有阔的，也有树叶模样的。

每页上面字写得很密。因为羊皮纸价钱很贵，所以要节省才好。

要写成一大册书，必须有一群牛羊的皮才够用。有的武士在大路上抢得了金银，有的商人到远处冒险旅行赚了钱平安回来，有的贵族要虔奉圣萨巴斯丁——这些人都有可能买了羊皮纸，捐给修道院。可是这样的事到底是很少的……

为了节省篇幅起见，抄书的人往往把许多字缩短了。比方"Jerusalem"就写作 Jm，"Dominus"就写作 Dm。

这样几个星期几个月地写着。抄写一本五百页的书，至少要费上一年才能完成。

那修士因为一年到头埋着头在案上写字，所以背也弯了，眼也花了。可是他一点也不懈怠。因为当他抄写的时候，圣萨巴斯丁从天上瞧着。他用了鹅毛笔写上了多少字，多少行，多少格，圣萨巴斯丁都在计算着。多写一个字，就是多解脱了一重罪孽。可怜的修士恩陀奇纳斯（Undoginus），他犯了太多的罪孽了！要是他再不虔诚修行，他将来会入地狱，下油锅！

一个钟头一个钟头地过去。他很想休息一会儿了。但是这个使不得。这是一种坏主意，有魔鬼在耳旁诱惑着。因为我们人是四面被魔鬼包围着的。

不久以前，有一个修士向人说，另一个修士告诉他，说他亲眼见着许多魔鬼生着鼠嘴和长的尾巴。这些魔鬼想出种种方法，来破坏那虔诚的工作，譬如，叫抄书人的手颤抖起来，或者打翻了墨水瓶，使那本书的当中，染上一大块墨迹。

到最后总算把书抄完了。恩陀奇纳斯修士从头翻看一遍，每页上面蓝的红的字，都在放着光。这像是长满了花草的园地。他是满怀的高兴。

这是何等艰难困苦的工作啊！

每天清早，东方微白，他就从硬草褥上披衣起来，燃着蜡烛，开始工作。寒风从门窗隙缝中吹进去。窗子外面的牧场里，还隐约听得出鬼哭声。就在这时候，他的鹅毛笔就在羊皮纸上，不断地画着。这样要多少日子，才能完成这一本书啊！

将来会有一天，魔鬼和圣彼得算着修士的灵魂的一注账，他写了几个整夜，多少字，多少行，都要算到他的账上去。

因此到了最后，恩陀奇纳斯又拿起笔来，浸了墨水，写道：

"光荣的殉道者，你记得犯罪的修士恩陀奇纳斯吗？他在这本书上记述你伟大的灵迹。请助我入天国，助我赎除我所应得的惩罚。"

到了后来，有了一些职业的抄手了。这些职业的抄手，虽然仍是属于教会的，而且抄书这件事，也照旧被看成一种修行，可是抄完书以后，却要求那世俗的报酬，就是工钱。

当时的习惯，每本书抄写完了，抄写的人，一定要在书后面写上几句关于他自己的话。

例如一本旧的祈祷书，就是这样结束的：

　　"基督出世后一七四五年，圣汤姆士节后第十二日，这本祈祷书，由朱利希城公民约翰·海伯·特·里乞丹斯坦亲手缮写完毕。抄写这本书是奉了富斯奈楚教派的祈祷者，我的兄弟马尔丁的师傅之命，为了赎他的父母家属以及一切公民的灵魂。这本书的抄费是五十二块金洋。请为抄手一并祈祷上帝！"

　　有的书后面，抄写人加上这样的字句：

　　"这里是整本书的尾巴，把抄费给了抄书的人吧！"

　　或者是：

　　"整本书完结，快拿酒来喝！"

　　羊皮做的书看上去是怎样的呢？

　　照例是又大又厚又重的一册。装订很坚牢，封面是两块布做成的板，里外包上一层皮。四角镶上铜或别的金属，这样角头不会碰坏，而且样子也好看。另外再加上一副铜锁，锁住了，里面的羊皮书页就不会移动。这样的一册书，看上去实在有些像保险箱的模样。

　　有的书装订得非常讲究，封面是摩洛哥皮或者鹿皮，用金银镶着角，还嵌上一些宝石。有些国王或王子御用的书，不单是装订非常华丽，而且每页的边上，都镀了金银。

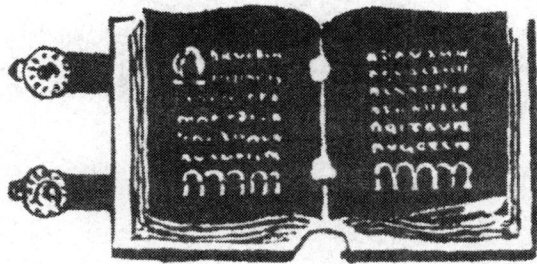

有些至今保存着的书，每页都染成红色，字是金色或银色的。年代久了，红的变成紫灰色，银色转成黑了。但是在当初，这些书翻开来一定是金碧辉煌，和太阳落下时的天空一样美丽。

一本讲究的书，写得很工整，订得很精致的，一定不是出于一人之手，而是六七个名手合力做成的！其中一个硝皮，一个用轻石磨光皮面，一个抄写正文，一个专画第一个字母的花纹，一个修饰，一个校对，最后一个才装订成册。

但是有的时候，一个修士，能够单独用皮来写成书，而且装订成册，不要第二个人帮忙。

现在，我们每人都可以有几十本书了。可是在从前时候，书是很少而且很贵的。因此，在图书馆里都用了铁链，把书锁在桌子上面，以免给人偷走。在一七七几年，就是说一百六十余年前，巴黎大学医科的图书馆里，还有着这样的书呢。

在那时候，不称作"读书"，而称作"读功课"或"听功课"。

因为书很贵，学生没有钱，所以只好由教师一边读，一边讲解，学生便在旁边听。

第五章　胜利的纸

　　和芦叶纸让位给羊皮纸一样，羊皮纸到最后便让位给我们都知道的一种东西——纸。

　　大约两千年以前，在欧洲，希腊人、罗马人还在埃及的芦叶纸上写字时，中国人却已懂得制造纸了。

　　制造纸的方法，是用竹或一种草，和破布头，放在臼内，和水捣成浆，就用这浆做成纸头。

　　制纸的架子中间，是一面竹做或丝做的筛，把纸浆倒在筛上，用手簸动着。这样，水从筛的中间滤去了，留下一层稀薄平滑的浆，等到干了，轻轻揭起来，粘在木板上，在太阳下面晒干，这样就成了纸。

中国人用手工造纸

这些纸叠起来，再用木头压平，就可以发卖了。

这种手工制造纸的方法，至今中国还有许多地方用着。

中国人是何等有忍耐力和创造天才的民族啊！

每次我在街上看见贩卖扇子、灯笼这一类东西的中国人，我就想起，这个国家发明瓷器、印刷、火药、造纸，都在欧洲国家之先啊。

可是造纸的方法，从亚洲传到欧洲，这中间又要经过许多年。

七○四年，阿拉伯人征服了中亚细亚的萨马干特（Sanlaycalade）城。除得了许多战利品之外，阿拉伯人又得到了造纸的秘密。于是阿拉伯人所征服的许多地方，如西西里岛、西班牙、叙利亚，一时都开起造纸厂来了。在叙利亚的 Manbidche 城——欧洲人称为 Bambit-se——也开设了一家造纸厂。因此，阿拉伯人除了把火药、丁香、香水这些东方的出品，运到欧洲以外，又把 Bambitse 城出产的纸运到了欧洲。俄文至今称纸为 6ymara 就是 Bambitse 这地名变成的。

此后又得经过几百年，欧洲人方才自己造纸。当时欧洲的造纸厂，就叫做"纸磨坊"。十三世纪的时候，在德国、法国、意大利，都已经有了"纸磨坊"。

德国的商人把意大利制造的纸，运到了俄国的诺夫戈拉特（Novgorod）城。过了不久，俄国也开了一家造纸磨坊，是在离莫斯科三十俄里的喀尼诺（Kanino）村里。

因此，纸头从中国到了萨马干特，从萨马干特到了叙利亚、意大利和德国，从意大利、德国又到了俄国，这样差不多周游了世界。

在这周游的路上，造纸的质料变换了一些。在欧洲不久就用旧麻布头造纸了。

起初，人们不肯承认纸头的功用。只有不打算保全长久的东西，才写在纸上。写书却还是用那羊皮纸。可是羊皮价贵，究竟敌不过便宜的纸头。而且后来，造纸的方法进步，纸质越精越耐久了。于是就有人试着用纸来写书。还怕不经久，在两页纸中间，夹上一张羊皮。

可是再过一世纪之后，羊皮纸就变成古董了！

时间一过，生活就变样子了啊！

工商业一天天繁盛，一天天发达。从一个城市到另一个城市，载着商品的船只，来往如织。许多外国的商品，经过河川和海洋运来。因为有很多的商人，市场、交易所、货栈、商船，也就要用各种各样的文件，如账册、汇票、往来信、发票等。这些都必须用纸头。而且人们更必须能读能写才行。

因此受教育的不仅是修士们了。在那时候，到处开办大学和小学。年轻人都进了学校，去求知识。在巴黎，塞纳河左岸，学生住的地方占了一个区，至今还称着拉丁区（Quanier Latill）。

所有这一些快活的，惯会吵闹的，有知识欲的青年，都需要书本和笔记册。

但是一个穷学生哪来的钱买羊皮纸呢？正是便宜的纸，才救了我们这些青年朋友！

从此抄写这门行业，不专属于修士们了。不修边幅惯会打架的学生们，也干这勾当了。学生抄书自然不会怎样的美丽工整，他们有的在第一个字母上，画一个鬼脸，或者一个大肚皮的动物，影射他的教师。学生对书本都不大宝贵，时常在教科书的旁边空白处，画上许多滑稽的脸相，再加上些不堪的语句：什么"吹牛皮"啊，"白痴"啊，"傻瓜"啊，"你说谎"啊等等。

请看那时候的大学生吧！他住在屋顶的一个矮房子里，正埋头抄讲义。面前放着一个像牛角那样的墨水瓶，是插在桌面的一个洞里的。桌上点着一盏青油灯。他的腰间挂着一支鹅毛笔和一根铜尺。虽然差不多是冬天，可是房里并没有火。

昨夜里，我们那位大学生，想从停泊岸边的货船上去偷几块柴来生火，可是给管货船的人发觉了，重重教训了一顿。

现在屋子里所有的只是一瓮清水，一片干面包。此外什么都没有。

那时候的学生，比消瘦褴褛的修士还清苦些。他的头是剃得光光的。这是表示他已从中学校里毕了业。但除了光头以外，没有一件像那修士。他的脸上老是带着擦伤或者打伤的紫痕，这证明了他曾在小酒馆里和一个皮鞋匠打架。

在那时候，大学生的生活并不见得快活。起头他是进修道院附设的中学校，吃了无数次手心，戒尺、教杖把他遍身都打过了。出了中学校，当巡游小学教师，在各村落，各庄户到处巡游。有的时候人们给他一些钱，但总是饿肚子的时候多。晚上就在路旁的泥沟里过宿，不然，就是偷了乡下人家睡着的鸡当一顿晚餐。后来在礼

从事抄写工作的学生

拜堂里住过六个月，所管的是敲钟，把人们召集拢来做礼拜。最后才到了一个大城市里，进大学念书。他那些同乡同学都欢迎他加入为伙伴，并且给他起了一个绰号，叫"大教皇"。"大教皇"挺会争吵，喝醉酒闹事是常有的，哪一家小酒馆不知道"大教皇"的名儿呢？喝起酒来，他在文科学生中间总是数着第一。糟糕的是他身边从来没有一个子儿。有的时候，找到一些工作，给他的邻居抄写一本弥撒书或者一卷赞美诗。

有一些思想，在青年大学生脑中盘旋着。他的手写着字渐渐地慢起来了，他的头倒在桌上，一种有规则的鼾声，代替了笔触着纸面沙沙的声音。

青油灯照旧燃着，发出青烟，染黑了小房间的墙壁。大胆的耗子在屋角里跑来跑去，吱吱地叫着。原来留给明天当晚餐的一块硬面包，正在给耗子当点心。

可是大学生却不曾听得。他睡得正浓。在睡梦中，他看见他自己已经戴上了一顶圆圆的学士帽。这学士帽，到了明年，他是稳可以到手的。

这时候，德国的梅咸斯城（Mayence）有名叫古登堡（Johann Gensfleich Gutenberg）的，已经开始试验用印刷机印刷世间第一部印刷的书。

在这第一部印刷的书里，没有大楷字母。后来一个抄书的誊录手，才发明了加上大楷字母。此外的文字却全是用机器印刷的。从那些字体和排列的样子，这印刷的书和当时的手抄本很相像，可是仔细一看，就可分辨出来。原来印刷的书，字母一个个都挺直，而且排列得有规则，和一排上操的兵士一样。

古登堡发明的印刷机

再过一个世纪以后，世界上连一个誊录手都找不见了。

现在的书籍不必再用穷苦的学生或虔诚的修士抄写，那钢的巨人——印刷机——一天就能印出几千几万本来。

印刷的发明增加了纸的需要量。从印刷所里印出来的送到书铺子里出卖的书，一年比一年多；到最后，造纸的原料——破布头——都不够供给了。事势逼成，不得不想法用别的原料造纸。

经过了许多次的试验，终于发现木头也可以造纸。

现在，只有顶上等的纸，是破布头造的。此外我们写字的纸，印报的纸，包东西的纸，全是用木头造的。

表面看起来，纸头和破布、木头，完全不像是一个样子。但是仔细想一下，才明白有十分相像的地方。

把一根火柴折断，或者从一块破布中间，抽出一条线，你就看见里面都有极细的纤维。纸就是用这些纤维制造的。

要是不信，从整页的纸上抽下一小片来，在光下看着破碎的一边就明白了。

制造纸的方法，最初是把破布头和木头分别捣碎，成了极细的纤维。随后把纤维中间所含的各种脂肪、油质、灰沙，完全拣去，再把这些纤维揉成薄而匀的一层，这样就变成纸了！

这是说造纸的原则。实际上纸又是怎样造成的呢？

这历史很长，得从头说起。

比方一件衬衣，穿得年代太久了，变成碎片，和别的破烂布头，一起丢在垃圾堆里。有人把这些破布头拾起来，依质料分成几类，棉布是一类，印度布是一类，别的质料又是一类。最后都打成包，送到工厂里去。

到了工厂里，这些破布头先得在锅子里蒸过，把中间所含的细菌杀死。因为这些破布头是从各处搬来的：从发臭的地窖里、医院里、垃圾堆里。

随后把这些破布烘干了，把中间的灰沙尘埃一齐拣出。在工厂里，做这工作，有一种特别的机器，一天可以洗干净几千几万块破布头。这些破布头假如用人工来拂拭，怕要满天都是尘沙了。

于是放在切碎破布头的机器里，一下子破布头都变成碎片了。

现在只消经过漂洗就得了。先用一架机器，把破布放在灰汁和碱水里煮过，再加漂白，随后在另一种机器里做成纸浆。

这样，第一部分的工作完了，破布已变成了薄的纤维质的浆。

但是用这浆做成纸，这工作却更困难呢！

做这工作，是用一个极大的机器——实际上是许多小机器拼合而成的。把纸浆倒在这大机器的一头，做成的纸头，就从别一头出来了。

原来是这样的：起头是一架筛纸浆的机器，把纸浆里面的沙石都筛去了。

随后纸浆就流到了一个网上面，这网也是一种筛，不过是用机器不住转动着。经过这网，纸浆内凝结的硬块都留下了，单剩稀薄匀称的浆，从洞子里流到另一个架子。这个架子和中国人做纸用的架子一样，不过这架子的两边是两个轴，连接起来，不住转动着，把纸浆摊匀，同时向前推进。

于是这没有干的纸，就从架子上移到一片平坦的布匹上面。这布匹上有许多圆的滚筒在滚着。有的滚筒的作用，是挤去布上面的水分，有的滚筒是用蒸汽烘干纸浆，这样就完全变成干燥的纸了。

最后这些纸通过末了的一个滚筒，这滚筒有一面刀，依一定的尺寸，把纸切开来。

自然，我讲这些细碎的造纸方法，你一定会觉得头痛，可你要是亲眼看到过造纸的机器，你就会觉得津津有味了。

试想一架机器占满了整个的大屋子。在这里不见一个工人。可是机器很快地自己工作着，从不会停顿。

有的机器一天可以造十万公斤重的纸头。

造纸机器里面的架子，每天移动的距离，有从武汉到上海那么远呢！

木头做纸，也是用同样的方式。只是前半的工作不同。因为木头和破布头质料不同，要把木头捣成纤维，淘汰里面的杂质，自然得用另一种机器。

我们得再从头来说起。

一棵松树长在林子里。到了一个晴朗的冬天，人们把它锯下了，砍去了绿的树枝、尖的树梢，就把它拖到附近的小溪上面。

春天，河水解冻了，这棵树就从小溪浮到大河，和别的地方砍来的树木，一起结成木筏，筏上面载了驶筏的人，一起驶到了下游。

到了下游，造纸厂的高烟囱可以望得见了，树木就在那里登了岸。

现在，我们可怜的松树不幸的日子开始了：

起头人们剥去了树皮，劈成小片，随后送上分解机和漂炼机。

木头不像破布头那样放在碱水里煮，却是用一种酸液漂炼。漂炼后就化成纤维，再把凝结的块拣去了，变成稀薄匀称的纸浆，倒在大的造纸的架子里。

这样，从一架机器转到另一架机器。一棵松树终于造成了洁白的纸!

我们的纸头，什么都好，就只一个缺点，就是不能太耐久。这是因为经过了漂白的缘故。原来漂白粉的腐蚀性是很强的，而纸头都在漂白粉的溶液里漂洗过，因此就很难保藏得很久。

几千年以后的人们，是否还能看到我们现在所用的书，真是一个疑问呢！

也许中古时代羊皮纸的手抄本，比现在用最完备的机器印成的书，还要保存得更久些。

现在我们所用的纸，和印刷第一本书所用的纸，已经大不同了。

欧洲文字里面的 Pen（英文）或 Plume（法文）这个词，都是从羽毛这个词产生的，可见鸟毛笔、鹅毛笔是使用过一个很长时间的。

鹅毛笔

不过，数年以前，我们庆祝过发明钢笔的百年纪念。一八二六年，梅松（Masson）发明了制造钢笔的机器。从此以后到处都用钢笔头，而用了千余年的鹅毛笔，就被淘汰了。

但是回想起我们的祖父的时候，用鹅毛笔写字，是多么麻烦啊。在当时，衙门里专有一些官吏，从早做到晚，专给上司削鹅毛笔。这是一种吃力的工作，要有经验才能干。先把鹅毛管切成一定的角度，随后修光，再从当中劈为两片。这比削铅笔要难得多啊！

在钢笔没有发明以前，已有人发卖一种小鹅毛笔头，可以插在笔杆里，所以笔杆是老早就有的，并不是等到发明钢笔头以后才发明。

使用铅笔却比使用钢笔更早百余年。发明铅笔，是一个名叫孔德（Jaques Conte）的法国人。他用石墨粉、陶土做成铅，另用一条长的圆木头，当中劈开，在中间挖成槽，把铅放在槽中间，拼合起来再切成六段，磨光，加上油漆，装入木箱，就成为市上发售的铅笔了。

铅笔和钢笔大概不会像鹅毛笔和蜡版上写字的笔那样用得久。因为现在打字机已开始在和钢笔争地盘了。

　　这大概是没有疑问的，不久以后，我们的小学生的衣袋里，都会藏着一架小的打字机的。

第六章　书的命运

　　拉丁的古谚说："连一本书都是有命运的。"一本书的命运有时候却比人的命运更奇怪呢！

　　希腊诗人阿尔克曼的集子，就是一个例子。那是写在芦叶手卷上面的，它能够保存到现在，说起来是一件非常古怪的事。原来这书老早就被埋葬在地下了，和葬人一样的葬法。

原来古代埃及人有一个风俗，人死后做成木乃伊。这人生前所有的书籍文件，都和木乃伊葬在一处。因此几千年前写下的书籍信件，往往在木乃伊的胸头保存着，一直到如今。

古代埃及的坟墓里所保存的古书，要比无论哪家图书馆所保存下来的都更多些！

埃及最大的图书馆，就是亚历山大里亚的图书馆，当罗马恺撒大帝的军队占领亚历山大里亚城的时候，就被烧掉了。这几百万卷的芦叶书中间，有着无数的秘本珍籍，可是都烧掉了。现在留给我们的，只有亚历山大里亚图书馆的一些散逸不全的书目。

所有这些在当时使人哭，使人笑的书本子，到现在只留下一个书名儿，也像许多被忘却的死人一样，现在只留下墓碑上所题的姓名。

还有更古怪的事，有些书，因为有人要消灭它，却反而保存下来了。

这并不是要消灭书本子，而是要消灭书中的文字。原来中古时代，羊皮纸很贵，因此有人把那些异教的希腊诗集或罗马历史等书的原有的文字，用刀刮去了，再写上圣灵的传记之类。在当时，就有些专家，专干刮书和损毁旧书这一些勾当。

这些经过刽子手杀害了的书，要是到了我们的时代，没有发明重新显出原文的法子，那就永不会留传了。

原来墨水写在羊皮纸上面，留着很深的痕迹。不论刮书的人刮得怎样厉害，还是保留着形迹。只消把这些稿本浸在某种化学药品里，面上就会显出蓝的红的影子。可是别太高兴了。在药水中间浸过以后，这些蓝的红的字迹，马上就会变成黑色，到最后便模糊得无法阅读了。

尤其是用五倍子酸浸过的书，马上就会变成黑色，再也看不出字来。现在每家大图书馆里，差不多都有几册死过两次的手抄本呢！

有关某学者的故事。那位学者，因为翻译古书翻错了，恐怕受人指摘，特意把那重新显出来的古书涂坏了。

过了不久，又有人发明了另一种非酸性的液体，可以把磨灭的古代文字重新显出，在短时间内不会消失。当看得见文字的时候，就用照相机拍了照。

到了最近的发明，已经可以不用药水洗，而用一种特殊的照相镜头拍照了。

假如书有一些仇敌，那么当然，也有一些朋友。这些爱古书的朋友，专在埃及古代坟墓中、海尔古拉囊和庞贝的灰堆中，以及修道院的库房里，找寻一些上了年代的旧书。

有一个故事，说到一位爱书的朋友梅斐（Scipio Maffei）和他发现韦伦纳（Verone）图书馆藏书的经过。

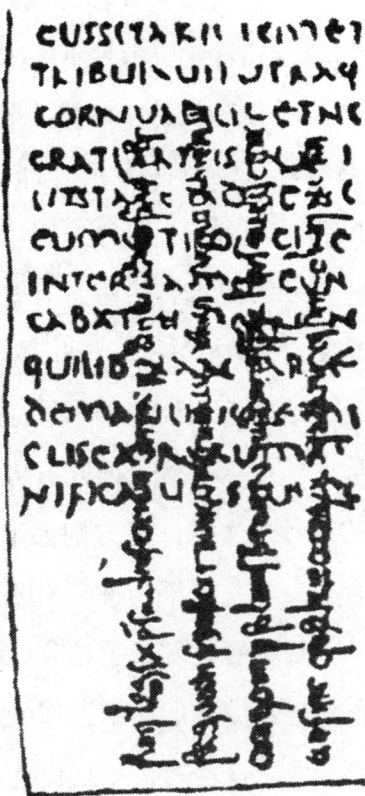

交叉写着两种文字的手抄本

在梅斐以前，许多游客的笔记里都写着韦伦纳图书馆藏着很多珍贵的拉丁文手抄本。后来有两位著名的学者，马比仑（Mabilon）和蒙福公（Montfaucon）想了种种方法搜寻，都没有寻到。

可是梅斐却不因此而失望。他原不是一个版本学家，只是一个懂得旧书的人。他努力去找寻。最后却在别人都找过而没找到的那地方——就在韦伦纳图书馆——找到了那些秘籍。

原来这些秘籍并不在书橱里面，而在书橱顶上。从前许多人没有想到在书橱顶上去找寻。梅斐用梯子爬上去，无意中却发现了许多年乱堆着的满是灰尘的书。

他是多么高兴啊！在他前面就是一堆世界上最古老的拉丁文抄本！

关于书的运命，要是再说下去，还有许多事可以说的，比方亚历山大里亚图书馆里烧掉的那些书，修士院里失掉的藏书，宗教裁

找到了天下最古老的拉丁文抄本

判所下令焚毁的书和战争中毁掉的书。

书的运命，往往跟着人的运命、民族的运命、国家的运命而转变。书这东西不但是记录过去的历史，指示各科的知识，书的本身也参加战争与革命。有时一本书可以推翻一个国王。在战争的时候，战胜的和战败的双方都有书参加斗争。而且一本书是属于哪一党、哪一派，往往一眼就看得出来。

我在研究院图书馆里看见几本法文书，是一七八九年大革命前出版的。其中有一本，篇幅很厚很大，装订插图都非常讲究。原来这是保王党用的书，所以场面阔得很。其他几本却都是很渺小，可以藏在口袋里，藏在手心里，这些却是革命党用的书。样式小，才能偷运到前线，于叛变时四处分散。

所以书的开本大小，也不是偶然的！因为书的生活断不能和人的生活分离。一本书的大小，一定是要和人相配合的。

我记起一个故事了，是讲人和书同时给焚烧了的。

这是十六世纪在法国发生的事。一五四六年里昂市的排字工人罢工。这大概是世界上第一次的排字工人罢工吧！这次罢工维持了两年之久。其中有一个印刷所老板，名叫陀莱（Etienne Dolet）的，背叛了他的那些同行老板，帮了工人许多的忙。

后来工潮结束了，可是那些老板没有忘记这一回事。

五年以后，就有人向巴黎大学神学院提起了诉讼。里昂市的印刷业业主联名控告陀莱，罪名是印刷反宗教的书籍。

这案子很快就判决了。陀莱被判处死刑。他和他所印刷的书，

焚　书

一起在巴黎摩贝尔广场，被架着柴火焚烧掉了。

　　这最后一章写完了。我很抱歉，像"书"那样出色的东西，我却只写了这么一点点。

附 录

我们的汉字，我们的书

第一章　汉字的诞生

一、中国的第五大发明

大家都知道中国有四大发明：造纸术、印刷术、指南针、火药，它们大大推动了人类文明的进步。那大家知道中国的第五大发明是什么吗？

有人说是长城，有人说是故宫。它们确实雄伟壮观，是中华民族引以为豪的瑰宝，不过它们可不是发明啊。

有人说是火锅，有人说是老干妈。这些美食让人一想起来就流口水，不过也不是所有人都爱吃呀。

还有人说是支付宝，有人说是高铁。的确，这些现代化的事物已经成为我们生活中不可或缺的一部分，当然可以说是非常重要的

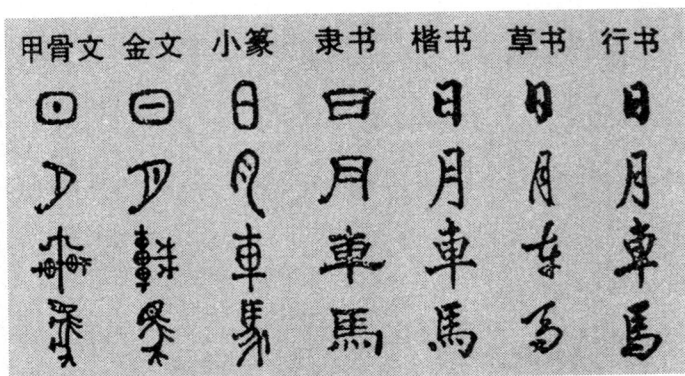

汉字字体演变图

发明。但是，它们能否和四大发明并列呢？这可能还需要等待历史的检验。

我们今天要谈的第五大发明，其实在五六千年前就已经出现了，而且到今天还在使用，可以说每一个中国人，在学习和工作中都少不了它。大家肯定已经猜到了，这第五大发明，就是"汉字"。

汉字不仅是中华文明的载体和基础，它还影响了好多民族的文字呢，比如日本的假名，朝鲜的谚文，越南的喃字，壮族的壮字和喃字……说它是中国第五大发明，一点也不为过。

二、几种有趣的记事法

汉字的发明，给人们带来了极大的便利。可是在汉字产生之前，我们的祖先要记事的话，可麻烦了。他们最初是口耳相传，但是人的记忆有限，怎么可能记住那么多的事呢？于是聪明的祖先发明了好多方法。让我们穿越时空，回到那个古早的年代去看看吧。

1. 实物记事——心太累

一个年轻帅气的小伙子爱上了部落里最美丽的姑娘，他决定要向姑娘表白。可是怎么才能让姑娘明白他的心意呢？朋友们纷纷给他出主意，有人说你要送她一把羊毛，表示你愿意把天下最珍贵的物品送给她；有人说这不行，你还不如送她两根鸟羽，表示你想跟她像天上的鸟儿一样成双成对；还有人说这些都不行，你要送她一把白茅草，表示你对她的爱是纯洁无瑕、永远不变的……小伙子的头都被说晕了，他觉得朋友们说得都很有道理，他决定都采纳。于是，小伙子把朋友们提到的所有物品都搜集起来，在一个美丽的月夜，放在了女神的家门口。小伙子憧憬着姑娘答应他的求爱，两个人从此过上幸福的生活。

可是小伙子等了好几天，姑娘都没有理他。没过多久，一个令他心碎的消息传来，姑娘与另外一个其貌不扬的男子相爱了。后来他才知道，他送的那些礼物姑娘都不明白是什么意思，而那个男子送的是姑娘最爱的蒹葭，姑娘一下子就懂了。

可见，实物记事虽然简单明了，但是它也是存在风险的，有时候还可能产生误会，万一大家理解不同就糟糕了。

2. 契刻记事——太单一

在一望无际的平原上，传来阵阵厮杀声，这是为了争夺一块肥沃的土地而引发的一场战争，交战双方是乌桓部落和党项部落。两个部落从日出打到正午，可谓是你死我活，难分高下。打到后来，很多人都受了伤，还有的人已经躺在地上不能动了。

这时，从远处驶来一匹
马，马上有人高呼："不要打
了，请大家放下武器！"大家
定睛一看，原来是乌桓部落的
长老，他是奉首领之命来和党
项部落讲和的。

大家都停止了进攻，等待
部落长老签订停战协议。经过
紧张激烈的谈判，双方终于达
成一致：乌桓部落和党项部落

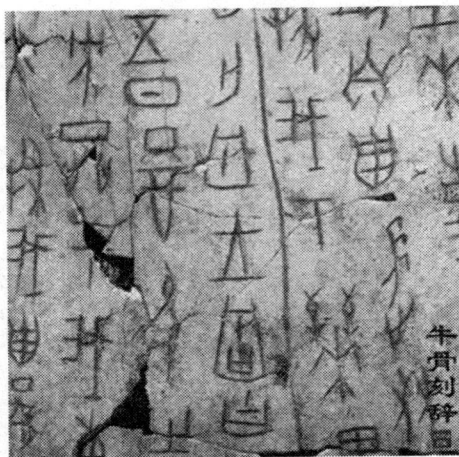

契刻记事

各占一半土地，中间设置栅栏，谁也不能越界，否则格杀勿论！接
着，乌桓部落长老拿出两根木片，用刀在上面刻下一些印记，然后
将其中一片交给党项部落长老。两个人都非常郑重地将木片放入
怀中。

长老们保存的木片便是"契"，木片上面的印记便是"契约"，
这种方式就是契刻记事。除了用木片，还可以用竹片，用骨或角哦。
契约其实就相当于我们现在的合同，但是它只能表示固定的意义，
而且只有当事双方才明白，万一有一方弄丢了，可就说不清了。这
种契刻记事的作用似乎有些太单一了。

3. 结绳记事——眼太花

一位头发花白的老人正在一间仓库里忙碌着，他的面前放着一
个长长的木架，木架上垂下好多条绳子。这些绳子都是五颜六色的，

远远望去，煞是好看。老人一边清点仓库中的物品，一边用手飞速地在绳子上打结。过了一会，绳子上的结越来越多，仔细一看，这些结有的大，有的小，而且结的形状也不一样呢。

结绳记事

老人用手不停地打着结，可是渐渐地，他的手慢了下来，好像前面打的结出了点岔子。他又把刚才所打的结从头检查了一遍，还是觉得不太对劲。于是老人站起来，又重新去清点物品，然后恍然大悟："原来刚才首领派人取走了一份。"老人揉了揉眼睛，把刚才打好的结解开，又重新开始新一轮的打结工作。

大家可别以为老人是在做手工活，制作工艺品哦，其实老人是在用绳结记录物品的储藏情况。伊林在《书的故事》里说过，好多民族的人都用过这种方式来记事呢。结绳记事的作用挺大的，不仅可以用来记录物品的数目，还可以记录各种事件，比如战争、选举、庆典、灾害等等。有些民族的小孩子，从小就要学习这种结绳记事的方法。

不仅是远古时期，现代都还有人用这个方法。鲁迅先生说过，在他们家乡浙江绍兴，有些乡下人碰到明天要做一件要紧事，怕会忘记时，也常常说在"裤带上打一个结"。

我们从有些表示数字的汉字中还可以看到结绳记事的痕迹，比如汉字"十"的金文为"￤"，像不像打好了结的绳子？再比如"廿"表示二十，它的金文是"Ｕ"，好像上面有两个绳结。可见结绳记事的方法对汉字的形成也有一定影响。

随着社会的发展，要记录的事情越来越多，越来越复杂，那一串串五颜六色的绳结看得人眼花缭乱，而且很多东西都没法用绳结来表示。人们迫切地需要一种新的方式来取代结绳记事。那么，什么样的记事方式才能既简单方便，又通俗易懂还不易使人产生误会呢？很多人都在思考这个问题。

三、仓颉造字

在黄帝手下有一个叫仓颉的史官，他特别能干，最擅长的就是结绳记事了。除了打绳结，他还想到了绳结加贝壳的方式，就是在绳子上打圈圈，然后挂上各式各样的贝壳，这样就可以表示更多的含义了。但即使是这样，也还是经常出错。而且很多国家大事都要通过绳结来反映，可是事情越来越多，绳结再多再复杂也没用。该怎么办呢？

仓颉急得直发愁，经常一个人到树林里去散步，他想如果能把自己想说的话用图表示出来，让人家一看就明白该多好。可是怎么才能创造出这种图呢？有一天，仓颉去山上打猎，看到雪地里有很多鸟兽的脚印，这些脚印形状都不一样，经验丰富的猎人一看就知道哪种脚印是哪种动物留下的。仓颉灵机一动：只要把鸟

仓颉造字

兽的脚印画出来，不就可以表示这种动物了吗？比如，我可以用鹿的脚印来表示"鹿"，用老虎的脚印来表示"虎"……

从此，仓颉每天观察自然万物，又造出了日、月、星、山、水、火、人、手、口等字，就这样发明了象形文字。据说，当年仓颉造字的时候，阵势可是相当之大，天地都为之惊动了，《淮南子·本经训》里还有"昔者仓颉作书而天雨粟，鬼夜哭"的传说呢，所以仓颉是被大家当作圣人看待的。

不过，汉字的数量这么多，光靠仓颉一个人的力量可不够。其实，在每个部落里可能都有一个像仓颉这样聪明能干、用心思考的史官，由于他们的共同努力，才有了我们今天汉字的辉煌。你们说，我们的祖先是不是很了不起呢？

四、神奇的"六书"

仓颉最初造字的时候，用的是象形法，也就是用线条或笔画，将事物的外形特征具体地描画出来。然后他在象形的基础上又创造了指事、会意和形声，这四种造字法，再加上转注和假借，就合称为汉字的"六书"。"六书"是东汉的文字学家许慎总结的，是汉字造字法的精髓。不过转注和假借可造不出新字，它们只是用字之法，能造新字的只有前四种。下面，让我们一起去感受一下神奇的"六书"吧。

1. 直观的象形

象形是最早的造字法，其实世界上那些古老的文字，像古代埃及的圣书字，古代苏美尔人的楔形文字，美洲地区印第安人的玛雅文字等，都是从象形开始造字的。

象形跟绘画有点像，但是它是写意画，如果像绘画一样，把事物原原本本地描绘出来，那没有几个人能学会。象形字只要简单几笔，将事物的外形特征勾勒出来就可以了。

例如"⊖"（甲骨文日字）就是一个像太阳的圆形，中间的一点代表它的光芒；"☽"（甲骨文月字）就像一轮弯弯的明月，可能有人会问，为什么不画一个圆月的形状呢？因为如果画一个圆月，那就和太阳没有区别了呀，所以聪明的古人选择了弯弯的月牙。

再比如说，"門"（甲骨文门字）就是左右两扇门的形状，因为古时候的门都是双扇的，跟我们现在的防盗门可不一样。"⛰"（甲骨文山字）就是远远望过去峰峦起伏的样子，真的很美呢。

那么，哪些字是用象形的方式创造的呢？其实很简单，就是我们日常生活中最常见的、最常用的。

首先当然是自然万物，别看大自然变幻莫测，我们的祖先对它们的特征可是观察得非常仔细哦。大家看看这些字是不是特别形象？

日　月　山　水　火　云　雨

其次是人体自身，我们的祖先对自己的观察也是很细致的：

人　手　口　舌　目　心　女

这些字里几乎囊括了所有的人体器官，不过好像有一个器官漏掉了，那就是鼻子。鼻子是用来呼吸的，而且在人的脸上那么突出，古人怎么会忘了呢？现在的"鼻"字怎么看都不像是鼻子的形状。其实呀，祖先早就造出了表示"鼻子"的字，当时也是采用象形的方式，这个字就是"自"。大家看，"自"的甲骨文"𦣹"，是不是很像人的鼻子？不过后来"自"字被假借用来指"自己"的"自"，所以古人就在"自"的基础上又创造了一个新的字"鼻"来表示"鼻子"。

象形字当然少不了动物和植物，表示动物的字有：

羊　牛　马　鱼　鸟　龙　兔

表示植物的字有：

禾　　木　　竹　　果　　豆

还有生活中常见的器物：

舟　　刀　　车　　门　　皿　　弓　　网

即使是从现代汉字的书写形式来看，有些字也能依稀辨别出它们原先的模样。可能有人会说，汉字有八万多个呢，象形字怎么只有这么少的数量呢？因为象形造字毕竟有局限性，有些事物太复杂了，无法用图画来表示，还有一些是抽象的概念，根本无法象形。不过，别看象形字数量少，它们的作用可大了，指事、会意、形声可都需要它们呢。

2. 抽象的指事

在古代，"事"与"物"的字义是相通的，因此所谓指事，即"指物"，也就是标识事物、指明事物的意思。担当"指事"任务的一般是一个符号或笔画，这个符号或笔画都是直接添加在象形字之上的。所以指事字和象形字相比，就是增加了较为抽象的东西来进行标识。比如下面的"本"、"末"、"刃"、"甘"、"寸"等字都是用这样一种方式来造字的。

"木"（金文本字）："木"下加一划，成为"本"，表示这是树的底部，即树根。

"✳"（甲骨文末字）："木"上加一划，成为"末"，表示这是树的顶端，即树梢。

"✦"（甲骨文刀字）："刀"上加一点，成为"刃"，表示这是刀最锋利的地方。

"✦"（甲骨文甘字）："口"中加一点，成为"甘"，表示口中含有甘美的食物。

"✦"（篆文寸字）："手"上加一划，成为"寸"，表示腕关节下面一寸的地方。

又如"上"字和"下"字，其甲骨文字形为"二""二"，横线表示地平线，"上"就是在地平线上面加上一点，表示上面，"下"就是在地平线下面加上一点，表示下面。是不是非常简单易懂，特别像我们现在的指示标志呢？还有的指事字特别像我们现代的交通符号，例如"凶"字，它的篆文是"凶"，大家看像不像禁止停车的标志 ？这个字其实就是在陷阱里画上一个交叉的符号，表示很危险。

不过指事这种方式也有很大的局限性，古人用它造字是最少的。还有人认为数字"一"、"二"、"三"、"四"也是用指事的方法创造的，其实这是古人筹码计数的象形，一看便懂，并不是像"指事"法那样，特别指明某种事物或表示某种意义。

3. 有趣的会意

在"六书"中，会意是最有意思的一种造字法，有点像猜字谜，也有点像现在流行的画图猜歌名，或者是做动作猜词语的游戏呢。不信，大家看看下面的四个会意字：

你们能猜出来这些字的意思吗？其实就算不识字，只看图也能明白个大概。

第一个字的左边是一个人，右边是一棵树，这是在干什么呢？一个人在树旁，他可能是在乘凉，也可能是在树下睡觉，这个字就是"休"字。

第二个字画的是一轮红日落入草丛中，这是什么意思呢？太阳早上从东边升起，缓缓在空中移动，到了傍晚，太阳要落山了，会逐渐消失在树林、草丛中。所以这个字就是指太阳落山，也就是日暮时分了，不过最早这个字写作"莫"，后来"莫"被假借为"没有人"，古人就在莫的下面加上了一个日字，即"暮"，专门来表示太阳落山。

第三个字画的是一只手放在一个盆子里，这个盆子里装的应该是水，把手放在里面，肯定是在洗手。这个字就是"盥"字，我们现在还把洗手间称为"盥洗室"呢。

第四个字的下半部分有两只手，好像捧着什么东西，上半部分有点像栏杆，也有点像编织好的鱼网，这是人在织网吗？还是有人被关起来了，想要逃出去？其实都不是，这个字的上半部分表示的是书，因为上古时候没有纸，很多文字是记录在竹简上的。所以这个字画的是一个人用手捧着竹简，也就是今天的"典"字。

会意字一般都是由两个或两个以上的独体汉字组合而成的，这些字的意思组合起来就是新字的意思了。再比如“鸣”由“口”和“鸟”组成，表示鸟叫；“解”就是用“刀”把“牛”和“角”分开；“明”由“日”、“月”组合而成，表示光明、明亮。

以上这些会意字都是异体会意字，还有一类是同体会意字，如：“从”、“林”、“炎”、“吕”、“双”、“众”、“森”、“淼”、“垚”、“焱”、“晶”、“品”、“掱”、“犇”。著名的国学家章太炎先生给四个女儿娶的名字便都是同体会意字，不过这几个字太生僻了，以致没有人认识，还差点耽误了女儿们的婚事呢。章家四千金的名字分别是叕、㸚、㠭、㗊，是不是看傻眼了呢？其实这几个字的意思也不难理解，叕（zhuó）字为四个又，很像交互连缀之形；㸚（lǐ）字为四个“乂”，它们合在一起特别像古代的窗格图案，精美绝伦；㠭（zhǎn）为四个工，就是极为工巧精致的意思；㗊（jí）为四个口，表示众口喧哗，但在这里应该是指口才非常了得。后来章先生专门解释了女儿的名字，才把女儿们给嫁了出去。

从有些会意字中，我们还可以窥见远古时代的文化与社会情况。如“妇”字的甲骨文为“”，很像一个女子跪在地上，手里还拿着一把扫帚，可见当时的女子地位是很低的。再如“男”字（）就体现了浓厚的农耕文明的色彩，左边是田，右边是一个手，可见当时男人是做农活的主力呀。

4. **能产的形声**

虽然象形字是汉字的基础，但是汉字里最多的可不是象形字，也不是会意字，而是形声字。据统计，汉字中85%都是形声字。

那么，形声是怎样产生新字的呢？许慎曾经说过："形声者，以事为名，取譬相成，江河是也。"以事为名，就是根据事物的属类来作为表意的部分；取譬相成，就是取一个读音相同或相近的字来作为表声的部分。所以形声字一般由两部分组成，一部分是表示意义范畴的意符（形旁），另一部分是表示声音类别的声符（声旁）。不过这些形旁和声旁大多是由象形字、指事字充当的呢，还有的是由会意字充当的。

例如"江"由形旁"三点水"和声旁"工"构成，"梅"由形旁"木"和声旁"每"构成，"晨"由形旁"日"和声旁"辰"构成。我们一看形旁，就可以大致判定它的意义范围，一看声旁，就可以大致猜到它的读音。不过，对于不认识的字，大家还是要勤查字典，可不要念半边字哦。

因为形声这种方式在创造新文字方面十分便捷，所以它成为最能产的造字形式。从这一点来看，汉字跟英语、法语这些表音体系的文字也有相似的地方，所以还有人称汉字为"意音文字"呢。不过从本质上来说，形声字可都是在象形字、指事字、会意字的基础上形成的，所以汉字还是属于表意文字体系。

而且，形声字的声符可不仅仅只有表声的作用，有些还兼有表意的作用。例如下面这组字：

焕、涣、唤、痪。

它们的形旁各不相同，但是都是从"奂"得声，焕是"光亮、鲜明"，"涣"是"水大之貌"，唤是"大声呼叫"，"痪"是"全身瘫痪"。那么，这些字有什么共同特点呢？从字意来看，它们都含有"大"意。

再如下面这组以"叚"为声旁的字：

霞、瑕、蝦（虾）、葭。

它们又有什么共同的意义呢？想想这些字的颜色，其实不难猜出。霞的颜色是红色的，绚丽无比；瑕指白玉上的斑点，是淡红色的；蝦也是红色的，即使本身并非红色，但煮熟了之后也变成红色了；葭是指初生的芦苇，它的根部也是浅红色的，而且有些芦苇本身就是红色的。再比如从"戋"得声的字有"浅、贱、栈、线、钱、笺"，它们都含有"小"之意。所以有时从形声字的声旁既可以推测读音，又可以明白意义。

形声字的结构多种多样，有左形右声、右形左声、上形下声、下形上声、内形外声、外形内声。有些形符或声符在演变过程中被部分省简，称之为省形或省声，还有些形符和声符的形态在现代已经不太容易辨认了，这些就需要语言学专家来为我们答疑解惑了。

5."打酱油"的转注与假借

转注与假借都属于用字之法。

对于转注，大家的意见并不太一样，有人认为是"形转"，有人认为是"音转"，有人认为是"义转"。我们综合前人的看法，可以这样认为，转注一般有两个字，它们的形体相似，会有相同的部首或部件；它们的读音相近，有音转的关系；它们的意义相近，可以互相解释，清代的文字学家戴震在《六书论》就解释为"转相为注，互相为训"。比如考和老、颠和顶、窍和孔都是转注的例子。

对于假借，许慎解释为："假借者，本无其字，依声托事。"也就是说，有些词语产生后，古人并没有给它造相应的新字，而是用已有的同音字来表示。比如"长"本来指长发，后借为表示"长久"的"长"；"自"本为象形字，指"鼻子"，可假借为表示"自己"的"自"；"令"本指"号令"，后借为表示官职"县令"的"令"。

因为有了这神奇的"六书"，即使有再多的新词语出现，要创造再多的新字，祖先都不会犯愁了。汉字的数量越来越多，发展得越来越完善。可是又出现了新的问题：大家的字体都各不相同，很难辨认，怎么能把汉字写得既简单明了，又更美观大方呢？

第二章　汉字的书写

一、汉字字体演变

大家知道，汉字有很多不同的字体，打开 Word 文档，有宋体、仿宋体、楷体、黑体等等好多种选择呢，不过，这些都是印刷体，并不能真正代表汉字字体哦。我们所说的汉字字体是指在漫长的历史发展中，汉字所经历的不同的书写形态。从最早的甲骨文算起，汉字经历了金文、篆文（大篆、小篆）、隶书、楷书等多种形体。这些字体可谓是千姿百态，有的古朴，有的典雅，有的流畅，有的潇洒，真是各有各的美。

1. 朴拙的甲骨文

甲骨文是刻在龟甲和兽骨上的文字，是 1899 年由清朝国子监祭酒王懿荣偶然发现的。当时王懿荣得了疟疾，家人给他在达仁堂药店买回了中药，准备给他煎服治病。王懿荣随手打开看了下，发现有一味药很特别，这味药叫龙骨，上面刻了很多不规则的符号。正好王懿荣是一个金石文字学家，他当时就敏感地察觉这些符号不一般，于是他花高价买下了达仁堂药店所有的龙骨，又通过各种途径，共收集了1500多片龙骨。经过仔细分析研究，王懿荣发现这些其实都是几千年前的龟甲和兽骨，上面的刻划痕迹就是商朝的文字。这一发现在当时引起轰动，大家都争相抢购龙骨。想一想，如果不是王懿荣的慧眼，这些甲骨文可就要全都被当作药材了。

那甲骨文上记载的都是些什么内容呢？是美丽的神话传说，还是当时发生的战争呢？其实呀，甲骨文记载的大多是商朝后期统治者的一些占卜文字。当时的皇帝很迷信，什么事都要占卜，占卜之事就刻在甲骨上。所以别看甲骨文上的文字不多，它记载的内容却十分丰富，政治、军事、文化、社会习俗、天文、历法、医药，可谓无所不包。

大家可能听说过用硬币、用塔罗牌来占卜，用龟甲和兽骨怎么占卜呢？研究者发现，龟甲和兽骨上都有好多裂缝。原来古人在占卜之时，先用火将龟甲和兽骨加热，它们会发出"卟卟"的声音，所以就叫"卜"。加热后，甲骨表面会产生裂痕，占卜者就是根据裂痕的形状，即"兆"，来判断吉凶的。

由于龟甲和兽骨容易开裂，刻写者要非常小心，所以我们看到的甲骨文都是细瘦的，而且较多方折，跟我们现在的汉字字体可是一点也不像。

现在发现的甲骨文一共有 4000 多个字，只有 1200 多个被破解出来了，而且还有分歧。别看甲骨文的字不多，但它有象形字、指事字、会意字，还有形声字，已经是比较完整的文字体系了。不过，甲骨文还是处于文字的早期阶段，保留了很多图画文字的特征。

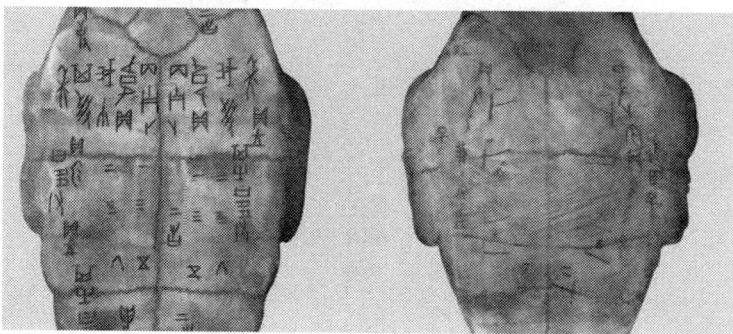

甲骨文

而且甲骨文也没有固定的写法。一个字，有时就有好多种不同的写法，例如"马"字，居然有 86 种写法。这就像画画一样，虽然一个事物大致的形状是固定的，但每个人画的都不太一样，有的几笔勾勒，有的细细描绘，有的方位向左，有的方位向右，所以，甲骨文对人的想象力可是一大考验。

2. 厚重的金文

金文的"金"字可不是指黄金哦，它泛指金属，在这里特指青铜器，金文就是铸刻在青铜器上的铭文。商周时期的青铜器以钟、鼎为代表，所以金文又称为"钟鼎铭文"。当时最著名的青铜器就是司母戊鼎和毛公鼎了，说起来，它们的命运都是几经波折呢。

司母戊鼎又称后母戊鼎，是我们的"镇国之宝"。它是商王祖庚或祖甲为了祭祀其母戊所制，因鼎腹内壁上铸有"司母戊"三个字而得名。司母戊鼎高133厘米，重达832.84公斤，四周用浮雕刻出盘龙及饕餮的纹样，十分精美。

司母戊鼎

1939年3月，司母戊鼎在河南安阳出土，因为过大过重，不易搬迁，所以当年的私掘者又将其重新掩埋。后来日本人听说这个消息，还想把司母戊鼎抢走，可惜他们不知道埋藏的地点，即使以重金求之也不得。现在司母戊鼎保存在中国国家博物馆。

毛公鼎身上更是有一段坎坷的故事。毛公鼎1850年在陕西出土后，由古董商人运到北京，被著名金石学家陈介祺高价购藏，成为陈氏研究中国古老文字的重要资料。陈家一直珍藏毛公鼎50年。没想到20世纪初时，毛公鼎被当时的两江总督端方仗势强买而去。不久端方被刺身亡，端氏家道中落，其后裔将鼎抵押给银行，无力赎回。1919年时，有美国商人欲出5万美元将毛公鼎买走，当时大收藏家叶恭绰倾尽家财买了下来。抗战爆发后，日本人觊觎毛公鼎，叶家为此多方努力，叶恭绰的侄子叶公超还差点因此而丧命，后来总算将其保住，并运到香港。抗战胜利前，商人陈咏仁从叶家买下了毛公鼎，承诺抗战胜利后一定捐献给国家。战后，他如约将宝鼎捐献给当时的国民政府，现在毛公鼎存于台北故宫博物院。

金文所记载的内容大都是记录祀典、诏书、征战、围猎、盟约等活动或事件，刻在钟鼎上的铭文一般较短，不超过 50 字。不过也有例外的，比如毛公鼎上的文字可长达 497 个字呢，是所有出土青铜器中铭文最长的一件。金文根据年代的不同，可以分为：殷商金文、西周金文、东周金文、秦汉金文。秦朝统一天下后，金文就逐渐开始衰退了。

金文跟甲骨文字形很相似，都是以象形为基础，不过，由于刻在青铜器上，所以金文的字体比较丰满粗壮，大小渐渐趋于规整，看起来也越来越美观了，如下图的毛公鼎铭文：

毛公鼎铭文

3. 庄重的篆文

篆文分大篆和小篆，大篆是指战国时期秦国流行的字体，又称籀文、石鼓文；小篆是指秦始皇统一六国之后所通行的文字，也是古文字形体的最后形式。

（1）大篆

大篆是指先秦的文字，包括籀文和石鼓文。

籀文的名字来源于《史籀篇》，这是周宣王时期的史官史籀所编的童蒙识字书。《史籀篇》本有 15 篇，东汉时仅剩 9 篇。许慎的《说文解字》收录了 233 个籀文，也是我们今天所能看到的仅存的籀文。

石鼓是指唐初在陕西境内发现的古代刻石，一共有 10 个，外形像鼓一样。石鼓文就是指刻在上面的文字，记载了秦国国君整治道路、游观渔猎的情况，形式均为四言诗。

石鼓在后代不断转移和拓印，上面的字迹越来越模糊不清，唐代出土时原有 700 多个字，到了宋代，还有 465 个字，到明代还有 462 个字，到清代仅剩 322 字，到了近代就只剩下 250 多个字了。现在十个石鼓均存放于故宫。

石鼓文

（2）小篆

在战国时期，秦、齐、楚、燕、赵、韩、魏等七个国家并立，每个国家使用的文字都不样。秦始皇统一六国之后，实行了一系列的改革措施："车同轨、书同文、行同伦。"其中"书同文"便是针对文字采取的重要举措。秦始皇根据丞相李斯的建议，将小篆确立为国家正式通行的文字，取代了之前七国各自通行的文字。现在我们还可以在石刻中看到秦代的小篆，如"泰山刻石"、"琅琊台刻石"、"峄山刻石"等，它们都是根据李斯的篆书刻写的。

小篆与大篆相比，笔画更加简省，结构更加整齐，字体基本都定型了，看起来庄重威严，已经非常接近方块字体。虽然不久之后，小篆就被隶书所取代，但是篆书并没有就此消亡，现在我们如果要刻印章，或者是写匾额，很多时候还是要用小篆呢。

泰山刻石

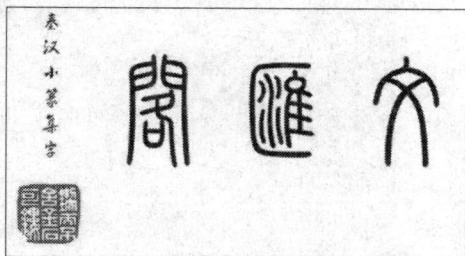

秦汉小篆

4. 便捷的隶书

虽然小篆跟以前的文字相比已经有很大的进步了，但是它对书写者的要求很高，它的每一笔都要拉长，而且笔画的疏、密、长、短都要配合恰当。写得好，会给人带来美的享受，可是如果没有一定的功底，那就会写得糟糕透顶。而且小篆写起来较为复杂，如果需要记录的内容太多，书写者可就有心无力了。

在这种情况下，便捷易写的秦隶应运而生。相比小篆，秦隶字形扁平，笔画更加简洁，而且已经基本脱离了象形意味。到了汉代，秦隶又发展为汉隶，汉隶更讲究波磔起伏。总的说来，隶书跟篆书相比，形状由圆变方，线条变曲为直，越来越像我们的方块字了。

隶书是汉字史上的一次重大变革，是古今文字的分水岭。它打破了古文字以象形为基础的构造方式，确立了汉字"横、竖、撇、点、折"的基本笔画系统，使汉字彻底符号化，开启了笔画式的汉字时代。

隶书《三字经》

5. 规范的楷书

古人在汉隶的基础上，又对其进行修改，比如省改隶书的波磔、增加钩挑，使其写法更加方正，易于辨识，这样就形成了楷书。"楷"就是法式楷模，因其"形体方正，笔画平直，可作楷模"，故称"楷书"，又叫"正书"或"真书"。楷书是最规范的字体，也是我们一直沿用至今的字体。

楷书萌芽于东汉，流行于魏晋南北朝，完全成熟于隋唐。我们现在熟知的大书法家，例如东晋的王羲之，唐代的颜真卿、柳公权，宋代的苏轼等，可都是楷书大家哦。

楷书的字体包括：魏体、欧体、褚体、颜体、柳体、瘦金体、赵体等等。我们现在学习书法，大都是以这些有名的字体为模本呢。

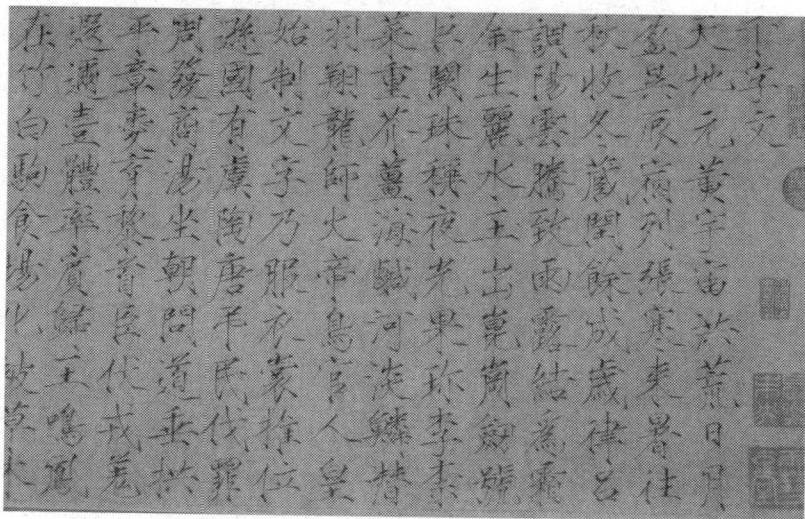

宋徽宗赵佶所创的瘦金体

6. 飞扬的草书

草书，顾名思义，就是写得非常潦草的字体。平时如果我们的字写得很潦草，老师都会严厉批评我们，可是这里所说的潦草并不是贬义词，它是指字体的特点。草书可不是随意就能写成的，它有严格的条理法则。草书分为章草、今草和狂草，章草是指汉代隶书笔法的草书，"今草"是指楷书笔法的草书，"狂草"则是唐代书法家张旭所创造的字体，一笔数字，连绵不绝，其审美价值极高。

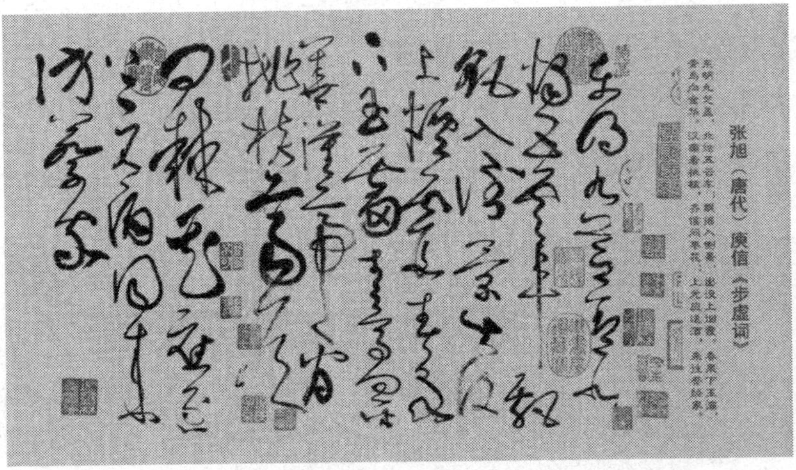

张旭狂草作品

7. 潇洒的行书

楷书规范，草书飞扬，而行书是介于楷书和草书之间，唐代书法家张怀瓘曾说过："不真不草，是曰行书。"行书的书写速度较快，但又不至于像草书那样难以辨认，是我们日常书写中常用的字体。

历史上最有名的行书大家当属东晋的王羲之，他的字体潇洒流畅，举世无双。

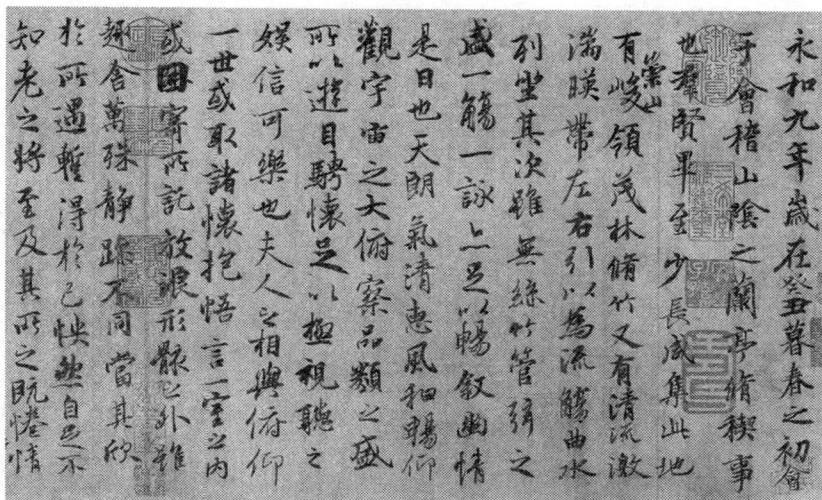

王羲之《兰亭序》

《兰亭序》被誉为"天下第一行书"，据说王羲之自己也对《兰亭序》非常满意，将其作为传家之宝，王氏子孙都十分珍惜。后来他的第七代孙智永少年出家，死前将《兰亭序》传给弟子辨才和尚。当时的皇帝唐太宗李世民听说后，便派人去索取，但辨才推脱自己并不知道下落。后来李世民便派监察御史萧翼故意接近辨才和尚，并取得了他的信任。萧翼乘机故意拿出王羲之的书法作品在辨才和尚面前炫耀，激起了他的好胜之心。辨才和尚不知是计，说自己保存的《兰亭序》真迹更为珍贵，并从屋梁上取下给萧翼观看。萧翼一看辨才和尚中计，便拿出唐太宗的诏书，直接将《兰亭序》真迹夺走了。辨才和尚因此抑郁成疾，不到一年就离世了。

二、记录汉字的载体和工具

1. 汉字的载体

现在我们的汉字都是写在纸上，那在造纸术发明之前，祖先把字写在什么上面呢？这得从五六千年前说起了。考古学家发现，当时中国还处于新石器时代，比较兴盛的是仰韶文化。1921 年，考古学家首次在河南渑池县的仰韶村发现仰韶文化的遗址，从遗址中出土的陶器上绘有彩色几何符号和动物花纹；1953 年，又在半坡文化遗址中发现了绘在陶器上的几何符号。如果这些符号确定是早期的汉字，那么汉字最早的载体就应该是陶器。除了陶器，岩壁上也有类似的符号。但是这些载体都不是固定的，上面所画的符号也不能完全确定都是文字，有些符号可能是装饰之用，因此我们并不能将其看作文字的主要载体。

而三千多年前出现的甲骨文，我们可以明确它是中国最早的汉字，故而龟甲和兽骨应是早期汉字的主要载体。其后出现的金文是镌刻在钟、鼎、樽、罍等青铜器之上，石鼓文是刻在体大如鼓的石块之上，还有刻在山石之上的。这些都可以视为汉字的载体。

但龟甲、兽骨容易开裂，青铜器、山石刻画复杂费力，因此人们迫切地需要寻找更加轻便的新的书写载体。

（1）竹简

从出土的文物来看，战国时期的主要文字载体应是竹简，而且竹简在甲骨文时代就已出现。我们可以从典和册的甲骨文字形来判

断，"典"的甲骨文为"𝌆"，金文为"𝍖"，"册"的甲骨文为
"𝍖"，金文为"𝍖"，其形均为编织的竹简形状。竹简一般是用线
绳将 30~50 厘米长的竹条编织在一起，从 1973 年长沙马王堆汉墓出
土的竹简可见一斑。

竹 简

从我们现在还在用的成语中，也能发现这一事实，如"罄竹难
书"、"学富五车"等词，都是因为当时的文字是记录在竹简上的。

（2）丝帛

除了竹简之外，丝帛也是上古时期重要的书写载体。与竹简相
比，丝帛质地轻盈，可以折叠，易于保存和携带；而且丝帛表面光
洁，书写很清晰，比竹简更便于阅读；丝帛的吸水性也比竹简好，
容易上色。

那既然丝帛这么好，为什么还要用竹简呢？那是因为丝帛价格
昂贵，而且极为稀少，只有王侯贵胄才有条件获得，而且是重要场
合才会使用。即使是在现代，真丝也是非常贵重的材料呢。所以尽

管丝帛有这么多优点，但是人们还是只能选择更为便宜且制作方便的竹简。

如果能找到一种材料，兼有丝帛与竹简之长，既轻便，易于书写，又容易制作，价格低廉，那就非常完美了。

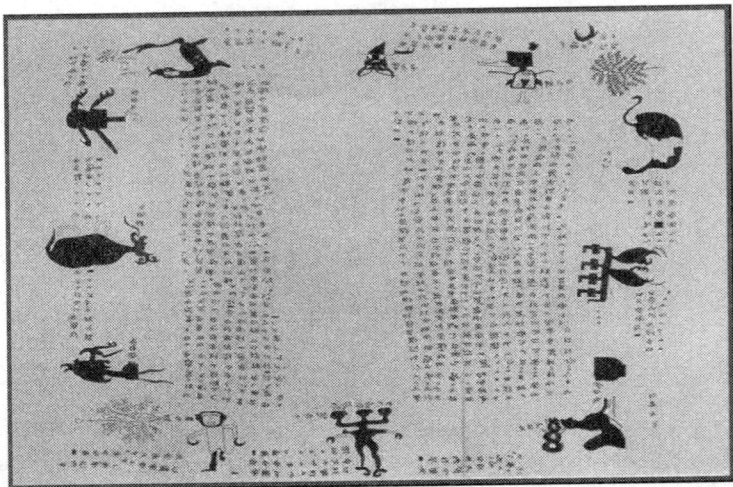

楚帛书

（3）纸张

这种完美的材料就是纸。西汉时期已经出现了纸质地图，但是当时纸并未普及，直到东汉蔡伦大大改进了造纸术，才使得纸张大量生产，渐渐取代了竹简和丝帛。

蔡伦的造纸术最初采用的是树皮、麻头等材料，通过搓、煮、捣、抄等方式，开创了木浆造纸的方式。东晋时期创造了染潢技术，用黄蘗汁液浸透纸张，称为黄纸。南北朝时期，又开发了新的原料，包括藤皮、竹、草等，出现了麻纸、楮皮纸、桑皮纸。隋唐时期，造纸工业进一步成熟，纸除用于书写外，还用于绘画、传拓、装裱和印刷等，并根据人们的需求制作信笺纸。宋代时，造纸业已经在民间普及，而印刷术的发明，也大大促进了造纸业的发展。明清时期造纸工艺已相当高超，明朝时质量最好、最有名的纸是宣纸，清朝时竹纸应用最广。

造纸术是中国最伟大的发明之一，它不仅使得文字的书写和传播更加便利，为中国文化的传承提供了最优质的载体，而且造纸术还传入其它国家，为世界文化的传播做出了贡献。

2. 汉字的书写工具

（1）笔

甲骨文、金文是刻在甲骨和青铜器上，人们所采用的书写工具当然是刀、钻等硬质的金属器，其实就相当于是硬笔。除了刀刻之外，当时应该已经有软笔、墨之类的书写工具，这可以从出土的文物得到证明。因为刻在甲骨上的痕迹有时不太好辨认，也会变得模糊不清，人们为了使卜辞便于保存和阅读，会将碳黑或朱红的颜料涂在刻好的卜辞纹路里，现在出土的部分龟甲和兽骨上还可以看到毛笔蘸墨和朱砂书写的痕迹。而且在商周时，也已经出现竹简和丝帛等书写载体，上面的字迹则都是用笔墨写成的，说明当时已经出现适合在光滑硬物表面上书写的软笔了。

可见，在文字产生之初，古人就已经创造出了类似笔的书写工具。

据考古发现，最早的毛笔出土于战国古墓，但是当时的制作工艺还十分粗糙，笔杆是用实心的竹竿做成的，笔头是用兔毛做成的，然后用涂了漆的细绳绑在笔杆上，很像是小朋友自己做的玩具笔。到秦代，毛笔的制作工艺大大提高，已经非常接近于现代了。据说，秦国的大将军蒙恬是"制笔祖师"，也称"笔祖"。

关于蒙恬制笔，还有好多神奇的传说呢。蒙恬是秦朝的名将，秦国统一六国之后，他曾在北疆与匈奴征战多年，立下了汗马功劳。但是在秦始皇死后，权臣赵高私自篡改遗诏，假传圣旨将驻守边疆有功的大将扶苏赐死，并将当时辅佐扶苏的大将蒙恬囚禁。蒙恬被囚后，想要上书皇帝，说明冤屈，但是苦于身边没有刀笔。无奈痛苦之时，渐渐入梦，梦中出现了两位少女跪在他面前说："先前围猎之时，我们曾经受将军不杀之恩；眼下将军有难，我们却无能为力，只能以死相报。"说完两人一起撞壁而亡。蒙恬惊醒后，发现眼前是黄鼠狼和狐狸的尸首。回想梦中两人所言，才知道原来这是自己在狩猎时放生的两只小动物，不禁十分感慨。他俯下身，轻抚尸身，碰到了狐尾和黄鼠狼之毛，发现它们既柔软而且坚韧。于是，他灵机一动，取下一撮狐尾毛和狼毫，将其绑在木杆上当做笔，并以血为墨，写下奏章后便自刎而死。民间为纪念蒙恬，纷纷开始仿制这种毛笔，并将其命名为"蒙恬笔"。

除了蒙恬外，民间还有一个"笔娘娘"，据说她原名卜香莲，浙江湖州善琏人，曾不小心落水，正好被随秦始皇东巡的蒙恬所救。两人萌生情愫，并一起琢磨制造书写工具，后用羊毛和竹竿制成了毛笔。蒙恬遭赵高陷害之后，卜夫人隐居善琏，潜心制笔，并将制笔三技传给村民。汉武帝时还在善琏建立蒙公祠，供奉蒙恬与卜夫人，可爱的村民还为夫妻俩造了两个儿童雕像，取名"停停"、"搭搭（方言为歇意）"，意思是说两人制笔非常辛苦，需要停下来歇息一下。而善琏也因此而成为著名的毛笔产地。

蒙恬笔之后，汉代又有"簪笔"，意谓毛笔尾端尖细，可以作为人的发簪。唐宋时期，随着书法艺术的蓬勃发展，毛笔业也十分发达，从选料到制作方法形成了一套完整的体系。最有名的造笔中心就是安徽宣城。到元代时，由于经济中心的南迁，宣笔逐渐被浙江的湖笔所取代，而湖笔正是出自于善琏。一直到现代，湖笔仍是最负盛名的。

在古人心目中，笔不仅仅是书写工具，更重要是笔能传达人的情志。"我手写我口"，笔就像是文人的口，是其个人意志与才华的体现。所以，笔在文房四宝中是最为重要的，居于首位。

毛 笔

（2）墨

墨同样也是写作必不可少的材料。有了好的笔，再配上好的墨，便能如虎添翼，妙笔生花。

世界各国的先民最早都采用墨作为书写原料，当然这些墨都是天然石墨或是碳墨。后来大家都开始利用大自然的各种动物、植物来制造墨，如古埃及人焙烧兽骨制造液体墨，古罗马人用乌贼墨汁、用蚜虫卵来造墨，阿拉伯人用炭和松烟来造墨……而中国的墨最早也是烧松烟来取墨，在西周时已有了人造墨，当时制成"墨丸"，但是需要用石杵压制研磨，到东汉时出现了模制墨，可以手持直接研磨。到了南北朝，制墨者开始在墨中添加中药，这样墨便有了独有的馨香。宋代主要是用桐油和大漆来制作油烟墨。清代，有一位在科举考试中落榜的书生谢崧岱发明了墨汁，不需研磨就可直接使用。但是最古老的技艺至今仍在沿用，制作固体墨最主要的两种原料还是松烟与油烟。

中国墨在世界上都享有盛誉，曾经印度传入希腊，受到交口称赞，因其简单方便，而且不易褪色。目前最有名的中国墨是安徽歙县的徽墨，歙县与黄山毗邻，黄山之上的古松是制作墨的极佳材料，因此安徽墨品质十分优良。

墨不仅可以写字，可以作画，而且还能入药，明清时期，曾流行"药墨"，应用十分广泛。

徽墨十八罗汉

（3）砚

由于中国墨的特殊性，即需要研磨，因此"砚"也是汉字书写工具中必不可少的一部分。最早因墨丸需要捣碎，除了砚，还配有石杵，当时的砚只注重实用性，并没有审美的要求。到了汉代，砚开始确定了一些基本的器形，如有砚边、砚堂，无砚池，砚下一般有三足。到了唐代，出现箕形砚，类似簸箕的形状。宋时，制砚业已相当发达，当时的砚无论是长度、宽度还是厚度、大小，都非常实用大方，而且砚上常会有雕刻，非常精美。因砚与水墨有关，故砚上常会有龙的浮雕，如吐水龙、云水龙等。

砚多为石材所制，但除了石砚之外，还有其它材质所制之砚，如铁砚、

吐水龙砚

陶砚、铜砚、玉砚、瓷砚、瓦砚，甚至还有水晶砚和象牙砚，可惜这两种只能观赏，并不能真正研墨。

石材的质量决定砚的质量，宋代有著名的"四大名砚"：端砚、歙砚、洮砚、澄泥砚，均是以原材料产地而命名的。

澄泥砚

第三章　汉字的艺术

　　拥有如此精妙的书写工具与载体，汉字不仅使中华文化得以传承和传播，而且汉字本身就蕴含着艺术美，并在各种艺术门类中发挥作用。

一、精美绝伦的书法艺术

　　从形体上来看，汉字是唯一一种将书写演变为一门艺术的文字，中国的书法艺术距今已有三千多年的历史了。其实，从最早的象形文字来看，我们的汉字就是一幅幅小图画，甲骨文清丽秀美，自然天成；金文雄浑凝重，圆劲饱满；小篆简洁凝练，流畅古雅。它本身就体现着先民的审美。后来再发展演变为一个个整齐和谐的方块字，更是成为一个独立的艺术门类。

书法艺术诞生后，不仅使得文字散发出独特的美感，而且还体现了书法家的精神世界，所谓"见字如面"、"字如其人"，也就是说我们能通过书法看到一个人的气韵与神采。而不同的时代，书法的审美也各不相同，具有明显的时代特征。

汉代书法多为碑刻、崖刻，故而静穆庄严、质朴恢宏。

魏晋时尚韵，含蓄蕴藉，潇洒和谐。这个时期的书法家以王羲之为代表，体现一种魏晋风度。

唐书尚法，唐朝国力强大，无论经济还是文化方面都处于世界领先地位，显得大气、自信、包容性强，故而唐朝书法崇尚雄健奔放、法度谨严。初唐时期的书法家包括欧阳询、褚遂良、虞世南等，以取法王羲之为主。中唐时期涌现了一大批书法家，包括颜真卿、怀素、张旭、李邕等，尤其是颜体，体现了盛唐精神，并将楷书推向一个新的高峰。

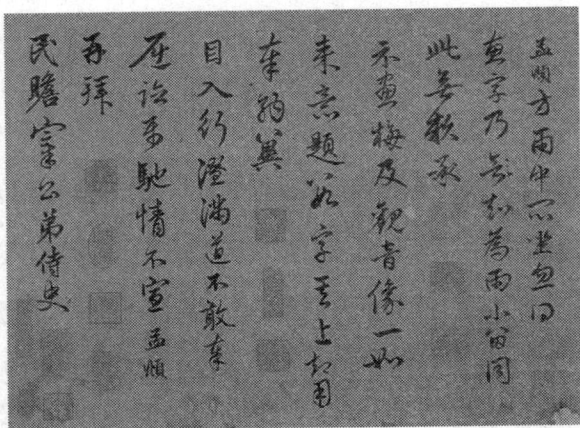

元　书

宋书尚意，注重表现个人意趣和情怀，其基本审美格调是"率意"，主张"无意"，倡导"无法"。故而宋人在潇洒的行书上得到了很大发展，但在楷书方面则无太大建树，少有佳作问世。

元明书尚阴柔之美，以赵孟頫为代表，整体风格较为清丽秀美，十分工巧，但偶尔会显得过于甜腻、俗媚。

清书则回到本质，以"质"为主要审美特征，强调刚柔相济，不事雕琢，代表人物是邓石如和尹秉绶。除此之外，另外还有以狂怪为特征的郑板桥等人。

邓石如作品

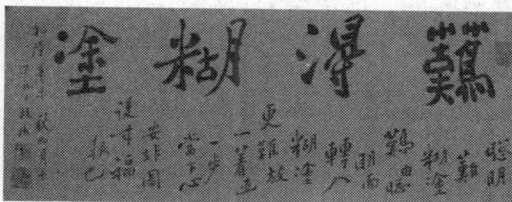

郑板桥作品

二、和谐对称的对联艺术

对联是我国一种独特的文学艺术形式，从五代开始到现在已经有一千多年的历史了，清代鼎盛一时，出现不少脍炙人口的佳联。

因对联有上下两联，还有一个横批，故而我们常说"一副对联"。对联的上下联字数相等，平仄相对，对仗工整，上下联内容合起来表达一个完整的意义，并且具有艺术性。人们借用对联这种形式，既可以表达自己的思想，同时也可以展现自己的才华。

对联包括春联、寿联、挽联、装饰联、行业联、交际联、庙堂楹联、嵌名联和谐趣联等。贴春联是我国的传统习俗，它源于先秦民间悬挂桃符的习俗。五代时，人们将联语写在桃木板上，以驱鬼压邪，求得吉利。宋代以后，民间新年悬挂春联已十分普遍。常见的春联如"爆竹声声辞旧岁 红梅朵朵迎新春"、"大圣捧桃欣献寿金鸡破晓喜迎春"、"新春富贵年年好 佳岁平安步步高"。寿联如"鹤算千年寿 松龄万古春"、"寿考征宏福 和平享大年"；挽联如"流芳百世，遗爱千秋 音容宛在，浩气常存"；行业联如"泰运鸿开兴隆宅 财源广进昌盛家"、"做天下头等事业 用世间顶上功夫"。另外，还有很多趣联、名联，尤其能够体现汉字的魅力。

1. 楹联

楹联多悬挂于楼堂宅殿的楹柱，种类繁多，根据字数的不同，可分为一字联、三字联、六字联、七字联，也有稍长一点的，如欧阳修为岳阳楼所作之对联，气魄极为宏大：

　　我每一醉岳阳，见眼底风波，无时不作；
　　人皆欲吞云梦，问胸中块磊，何时能消？

篇幅最长的一副长联，当属清朝孙髯翁为云南滇池大观楼所作的长联，共 180 多个字，堪称天下第一联。

五百里滇池，奔来眼底，披襟岸帻，喜茫茫空阔无边，看东骧神骏，西翥（zhù）灵仪，北走蜿蜒，南翔缟素，高人韵士，何妨选胜登临，趁蟹屿螺洲，梳裹就风鬟雾鬓，更苹天苇地，点缀些翠羽丹霞，莫辜负四围香稻，万顷晴沙，九夏芙蓉，三春杨柳；

数千年往事，注到心头，把酒凌虚，叹滚滚英雄谁在，想汉习楼船，唐标铁柱，宋挥玉斧，元跨革囊，伟烈丰功，费尽移山心力，尽珠帘画栋，卷不及暮雨朝云，便断碣残碑，都付与苍烟落照，只赢得几杵疏钟，半江渔火，两行秋雁，一枕清霜。

这副对联上联写景，下联论史，情景交融，极具气势，堪称经典。

2. 嵌名联

嵌名联是要将人名以各种形态嵌入对联中，这种对联既要自然贴切，又要不露痕迹，而且还要意在言外。凡嵌入的人名，都具有超越本义的引申义，是对联作者的主旨所在，别具匠心。嵌名联特别能够体现构思的巧妙。例如老舍先生曾赠给著名作家曲波一副嵌名联：

> 曲高和众
>
> 波远泽长

联语仅有 8 个字，但却令人叫绝。老舍先生巧妙地将"曲高和寡"运用到对联中，并将"寡"改为"众"，称赞曲波的作品不但立意高远，而且还深受读者喜爱。下联则寓意其艺术不但"波远"而且"泽长"。

嵌名联有时要将人名放在固定的位置，有时则比较灵活，不限位置，只要嵌入联中即可，如：

> 三强韩赵魏
>
> 九章勾股弦

这是著名数学家华罗庚为科学家钱三强、赵九章所撰之联，上联用战国时韩、赵、魏三个强国来暗指科学家的名字，下联"九章"既为首次记载勾股定理的名著，又是大气物理学家赵九章之名。

3. 趣联

明代有一位"神童"，叫解缙，据说他七岁就能吟诗，才思极为敏捷。解缙出身贫寒，家里是开豆腐店的，他家对面住的是曹尚书家，曹尚书家里是高墙大院，而且种了很多青翠的竹子。有一年春节前，解缙写了一副对联，惹恼了曹尚书。这副对联是这样写的：

门对千竿竹，家藏万卷书。

曹尚书看了后，非常生气，这不是把自己家给比下去了嘛。于是，曹尚书下令砍去了自己家的竹子。结果小解缙又在对联下分别加了两个字，变成了：

门对千竿竹短，家藏万卷书长。

曹尚书一看更生气了，下令将竹子彻底连根砍断，没想到小解缙又续了两个字：

门对千竿竹短无，家藏万卷书长有。

曹尚书看到解缙年纪小小，居然有如此才思，便让家人请他到府中，想当场试一下他。谁知解缙却极有气骨，非要曹尚书拿请帖来请。曹尚书想了想，便写了一副上联，当作请帖给他，上面写着：

小犬无知嫌路窄

解缙一看，这不是在骂自己吗？心想，我今天一定叫你亲自来迎接我，于是对了下联：

大鹏展翅恨天低

曹尚书无奈，只得大开正门迎接。待小解缙进门之后，曹尚书便从桌上拿起一本书说："老夫听说你家藏有万卷之书，那到底藏在哪里呢？"解缙指了指自己的肚皮说："就在这里。"曹尚书想这个小孩口气还挺大，想存心给他一个下马威。正好当时解缙穿着一身绿衫，于是曹尚书给他出了一个上联：

出水蛤蟆穿绿袄

想讥笑解缙是一只坐井观天的蛤蟆。没想到解缙看到穿红袍的曹尚书，马上就对了下联：

落汤螃蟹着红袍。

曹尚书讥笑不成，自己反倒被奚落成一只死螃蟹，心里十分生气，但又不好发作，就又出了上联考他：

天做棋盘星做子，谁人敢下？

解缙思索片刻，很快对出：

地做琵琶路做弦，哪个能弹？

曹尚书此刻也不禁惊叹解缙的聪慧，他又问解缙父母是做什么生意，解缙没有直接回答，仍然是以一副对联来作答：

父亲肩挑日月街前走，
母亲推转乾坤屋内磨。

这副对联将父母的职业巧妙地隐含其中。

曹尚书见解缙才学如此之高，不禁有了爱才之心，后来还把自己的女儿嫁给了他。

三、源远流长的镌刻艺术

1. 木刻

我国的镌刻艺术可谓源远流长，从甲骨文开始，我们的祖先就已开始用刻刀直接在龟甲和兽骨上刻字，其字形呈长方形，显得清丽秀美。金文是在青铜器上刻写，有一种天然、朴拙的美感。石刻文字古朴浑厚，体现浓郁的金石之气。

古代还有刻在木上的文字，主要体现在雕版印刷方面，两宋时的写手和刻工努力摹仿唐宋书法大家的书风，作品极为传神。元代中后期更多地受赵孟頫影响，显得平和文雅。

现在还有很多园林、古典建筑或庙堂的匾额或对联，都是木刻

157

文字，几乎再现了著名书法家的手迹。

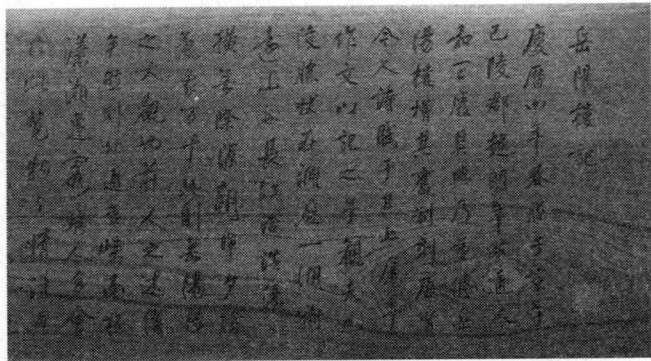

木刻作品

2. 篆刻

篆刻是由古代的印章发展而来的。天子的印章称"玺"，一般人的印章称"印"，也有称"章"的，合起来即为"印章"。另外，还有"宝"、"记"、"押"、"符"、"信"、"图章"等称呼。

印章的材质丰富，可用金、银、铜、玉、象牙等，明代以后主要用石。印章的形制多样，有方形、长方形、圆形、椭圆形、菱形，还有葫芦形、连珠印等。刻写印章的工具多为刀，采用的字体多为小篆。

篆刻艺术必须具备篆法、章法、刀法三个基本要素，既要对篆字非常熟悉、有较高的篆书书写水平，也要掌握文字和笔画的搭配关系，而且还要掌握各种运刀之法。三者缺一不可。

早在春秋战国时期，就已出现篆刻，但一直是以实用为目的。明清时期，篆刻艺术才开始兴起，并形成两大主要流派，即徽派和

浙派。徽派的代表人物有苏宣、朱简、汪关、程邃等，浙派的代表
人物有文彭、何震等人，清代又有西泠八家，体现浙派篆刻的独特
风貌。近代邓石如、吴让之、赵之谦、吴昌硕等人也是篆刻名家。

邓石如作品

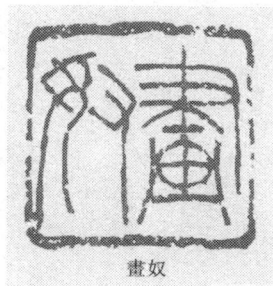

畫奴

吴昌硕作品

　　在回顾了汉字的构造、汉字字体的演变，了解了汉字的载体与
书写工具，领略了汉字艺术的独特魅力之后，再来看汉字所承载的
内容，我们会发现那一个个美丽的汉字不仅仅只是人们进行沟通交
流的载体，它还记录了中华民族几千年的历史和文化，还体现着我
们不同于其它民族的所特有的思维方式，还反映出我们的价值观和
审美观。汉字所蕴含的内容可谓是精深博大、魅力无穷，而汉字的
精妙也等待着我们不断去发掘。

译者后记

　　一九三六年初夏，在印度洋船上颇为纳闷，就把伊林的《书的故事》从 Ilo Venly 的法文译本译成汉文，打算带回给小侄女序同，当做一件恩物。到了上海以后，才知道这一本小书，在国内已有了两种译本。我这一个译稿，自然更没有出版的必要了。

　　后来，偶然的机会，看到董纯才先生的译本，和我的译本，竟有许多不同的地方。这才又把张允和先生的另一译本买来比较。原来董张两先生都是根据英译本重译的，和我所根据的法译本，内容颇有出入。其中最重要的是英译本不见了那原书最后一章最末几段文字，另外却又在上篇第三章后面，加上了一个故事，是嘲笑黑人的愚蠢的。当初我就怀疑法文本翻译不忠实，就请张仲实先生用俄文原本核对，才知道法文译本是比较忠实的，英译本却把原作增删了许多地方。

这一些书本来是给孩子读的，我不明白英译本的译者，为什么不加声明，添上了一段牛头不对马嘴的故事，故意要给英美的儿童，造成一种蔑视有色人种的成见。而且英译本故意截去原书的尾巴，也不明白到底是为了什么。

因此，为求忠实介绍苏联的青年读物起见，我就决定把这个译本重新印刷出版。并且请张仲实先生依照俄文本，加以校订，除了对俄文本中对于中国文字了解的一些错误加以删改外，自信和伊林的原作已没有多少出入。

伊林说得不错："一本书都不是偶然的，因为书的生活断不能和人的生活分离。"从翻译上看来，也是如此。

译　者
一九三六年十一月七日　上海